心理專家「一針見血」的獨特見解！
讓你在各種場合的人際關係上可以派上用場！
這是一部讓你得心應手的社交戰略手冊！

如何掌握
人際交往心理學

蒼井剛　主編

序文

對人心理可說是兩極化。兩極指的是和朋友的人際關係，以及組織內的人際關係。即使是平常能夠十分積極、開朗的和朋友建立人際關係的年輕人，公司裡的人際關係對他們而言，依舊相當複雜、困難，甚至遇到瓶頸的情況也不少。

即使是平常在教室裡喧鬧、一副無憂無慮的大學生，當筆者問到：「出社會工作時，最擔心什麼事？」往往都是以充滿不安的口氣說：「工作的事也會擔心，可是最擔心的還是人際關係的問題。如果遇到不合的上司，我該怎麼辦？」

另外，「在公司上班快不快樂？」當我如此詢問已經畢業，出社會工作一年之後回到學校的上班族時，她回答：「嗯，工作比想像中的還要簡單，比讀書還要輕鬆，但是人際關係卻相當複雜……」對年輕人來說，公司內的人際關係似乎相當棘手。似乎無法像學生時代快樂的人際關係一樣，那麼的融洽。

這是有理由的。學校內的人際關係及公司內的人際關係性質是完全不同的，因此若認為這兩種人際關係同樣都是人與人之間的關係，而使用相同的方法來處理的話，在這過程中就會出現問題。公司是一種組織，組織內的人際關係通常都是取決於地位、身分這種體制，只有少部分才是人性的。另一方面，由於學生時代的人際關係是可以依據性格及人性來自由決定的，因此可以說是完全不同的人際關係。

如果在應對時能夠多加注意這一點，相信公司內的人際關係就不會如此棘手了。

那麼，那些年輕人的上司又是如何對應他們的呢？由於位於管理職位的人們長期都是以公司內的人際關係為中心，所以本身無法了解為什麼年輕人會對這兩種人際關係那麼迷惘。因此；有許多人到最後就會認為是那些年輕人沒有上進心。人際關係是互動的，所以身為上司的人也同樣要具備對人心理的新知識及觀點。

為了讓人際關係可以順利進行，需要一個用來觀察人際關係的結構。因此，對人心理學的知識就派上用場了。要創造出一個好的東西，需要有好的設計圖、道具，以及適當的技術。同樣的，要創造出好的人際關係也需要有好的觀點、知識以及技術。

這本書裡充滿了許多這種觀點、知識以及技術。然後針對解讀對方心理以及呈現自己內心的這種人際關係的基本技巧，提出許多具體方法。當你想讓人際關係更順暢的時候或是人際關係出現問題的時候、遇到瓶頸的時候，不管在什麼地方都可以，請翻閱這本書，相信這本書一定可以派上用場。

目錄

第1章 以表情和動作來傳達的訊息〈非言語行為〉……15

第2章 人的勢力範圍以及互相接觸〈領域與接觸〉……57

第3章

與人順利交談的方法〈人際關係與會話〉……79

第6章 喜歡對方的原因〈人際關係的發展與好感〉

第一章

以表情和動作來傳達的訊息

愛不需要語言就可以表達

非言語溝通

有句話說「眼淚是女人的武器」，而且從眼睛裡流出來，流過臉頰的淚水最能動搖男人的心。我們通常會用語言來表達我們想講的話，但是一言不發所流出來的淚水，比起千言萬語更具有傳達真愛的力量。男人的淚水也同樣能傳達真心。「男兒有淚不輕彈」，由於這種世俗的眼光，所以男性不隨便哭。就因為這樣，所以當男人壓抑內心的悲傷而流出淚水時，更能讓對方感受到他內心的痛楚。

淚水不是語言，但是卻比語言更能將自己的情緒表達給對方知道。用言語以外的手段來表達情緒的方法並不是語言，所以稱為「非言語溝通」。

非言語溝通是以我們的身體動作為主，根據臉、手、腳、姿勢等等的動作傳達某些訊息給對方。其中，臉部的肌肉變化構成表情，能夠傳達更多的情感。

在非言語溝通中，不單單只有眼睛看得到的視覺性非言語溝通，也有聽覺性非言語溝通。不只是說話的內容，說話的方式、聲調、速度比起說話的內容，更能表達出說話者的情緒。

會臉紅的女孩子是單純的

無意識的非言語溝通

女孩子遇到自己喜愛的人時，會不由自主的臉紅。因為覺得害羞而想要隱藏自己的情緒，於是就急急忙忙的用雙手掩蓋著臉。臉紅不僅能表達對對方的好感，因害羞而遮住臉的動作更能讓人感受到女孩子的純真。

女孩子並不是為了要傳達給對方那種訊息才故意做出這樣的行為。雖然那是無意識、自然做出的行為，但是卻能將女孩子的情緒及性格傳達給對方知道。像這樣子的非言語溝通可以稱為「無意識的非言語溝通」。

另一方面，向喜歡的人送秋波、招手等動作，是一種傳遞信號、好感的行為，所以稱為「顯意識的非言語溝通」。如以上所言，非言語溝通中包含了顯意識的非言語溝通以及無意識的非言語溝通。

為了知道對方的心意和隱藏的情緒，明確的捕捉其無意識的非言語溝通是非常重要的。由於無意識的非言語溝通是對方在無意中表達出來的訊息，所以可以藉此直接了解對方原本的心意。

另外，顯意識的非言語溝通除了可以讓自己和對方溝通無障礙之外，也可以讓彼此的溝通模式更具有變化性。比起語言，擁抱更能傳達一個人的心意。而且光靠語言是不夠的，有時語言無法表達的情緒可以藉由手部動作來傳達。

感覺敏銳是與生俱來的

對於非言語行為的解讀能力

「那個人喜歡你喔！看他的臉就知道了。」

「真的嗎？我完全不知道。你是怎麼知道的？」

「你真遲鈍耶！從他看你的眼神和聲音就知道了，難道你都感覺不出來嗎？」

「真的嗎？」

——像這樣子，察覺非言語溝通的能力是因人而異的。

這種時候，我們將其稱為「感覺敏銳」或是「擁有敏銳的第六感」。但是，這並不是因為那個人擁有特別的第六感器官，而是他對於別人的非言語溝通擁有強烈的感受力。

這種非言語感受力是根據表情、動作、手勢等來推測對方內在含意的解讀能力。非言語行為的解讀能力因人而異，一部分取決於個人的資質。有些人天生感覺就比較敏銳，也就是感受力比較強。另外，也有許多人是根據經驗的累積而學得正確的解讀能力。一般而言，在生活中會去學習別人長處的人，比起悠悠哉哉過生活的人，擁有更好的解讀能力。因此，在社會上常常有人說：「吃過苦的人比較有判斷能力。」

再者，可以透過訓練來加強這種能力。最近，非言語研究者正在開發一些解讀能力的訓練課程。

《吃過苦的人解讀能力較高》
也就是說，這種解讀能力可以透過社會上的經驗來磨練。

女性感覺比較敏銳的理由

女性的非言語解讀能力

女人是敏感的。實際上，女性在人際關係方面比起男性而言，更能做出正確的預測。但這並不是說女性具有預知能力或是擁有特別的感官能力。

女性之所以感覺較敏銳，是因為比起那些只依賴表面話的男性，女性對於非言語訊息較為敏感。也就是說，和那些不了解話中含意的男性相較之下，由於女性是根據語言以外的訊息來判斷一句話的真偽，所以更能得到正確的訊息。而沒有注意到這一點的男性們，就會認為女性擁有預知能力。

如果針對對於表情或動作等這些非言語訊息的讀取能力來做測驗，很明顯的，女性測驗的結果比男性好，而且對於非言語行為擁有較優秀的解讀力。

那麼，女性為什麼會對非言語性的訊息比較敏感呢？

這與養育小孩有很大的關係。嬰兒是不會說話的，完全依靠非言語行為。因此，為了了解嬰兒的心態，非言語的解讀能力就變得相當重要了。或是身為母親的女性原本就具備這種能力。女性從小就意識到自己將來會生小孩，所以頻頻跟嬰兒接觸，因而學得了這種能力。於是，將這種非言語的解讀能力應用到人際關係上，也許可以做出正確的預測。

在行禮的同時能夠傳達你的心

非言語的表達能力

在新進社員專屬的注意事項簿上，大部分都會記載行禮的方式。上面寫著普通打招呼要15度，面對客人時要30度，非常有禮貌的鞠躬則要彎腰45度。「這未免太死板了吧！」、「重點是在於你的心態如何吧！」……等，或許有人對這種鞠躬像量角器般的行為感到排斥。但是，透過這種從外表就可以清楚了解的行為，反而能夠正確的傳達你的心意。

為了讓人際關係更順暢，非言語溝通的能力就顯得相當重要了。而這種能力有兩種種類。一個是解讀對方非言語行為的能力，另一個是將自己的情緒正確的傳達給對方知道的能力。

「心意是重要的、情緒是重要的」，話雖如此，但如果無法將自己的心意和情緒正確的傳達給對方知道，對方也無法理解。如此一來，人際關係就無法順利的展開了。要將自己的情緒正確的傳達給對方知道，就必須注意以下兩點。

①要提高語言，也就是說話的能力

②要提高非言語行為的能力

「自己的口才不好，所以常吃虧」，會這樣想的人往往都只注意到自己說話能力的不足而已。但是，想要擁有美好的人際關係，除了說話能力以外，非言語的表達能力也相當重要。透過表情和動作，會讓人產生好感，這一點也必須要注意。

工作是言語的，感情是非言語的

在人際關係中，非言語的重要性

工作是言語的，而人際關係是非言語的。「工作一切都很順利，但無法處理好人際關係」、「工作上的人際關係還不錯，但是私底下的人際關係就不好」，有沒有人有這種煩惱呢？

有些人非常努力工作，在公司受到大家矚目、未來也非常有前途，但私底下卻連情人、親友也沒有，而這樣的例子在社會上相當多見。

工作能力強的人擅長語言的溝通。這種人能夠客觀的處理別人的事，而且不帶任何私人感情，站在中立的角度來應對，所以感情上比較不會產生衝突而使工作順利進行。不過，工作以外的人際關係就需要感情了，無法像工作一樣，能夠客觀的處理。不帶任何感情的話語無法讓人對你產生好感，也不能得到他人的信賴。

像這樣事業有成但人際關係卻不好的人，應該要努力多注意非言語溝通，並且多學習如何表現非言語行為。重點不在於要說什麼，而是在於要如何說。亦即要針對說話時所表現出來的行為來思考，而不是說話的內容。

視線、表情、姿勢、動作、說話方式等等，乍看之下可能是沒什麼大不了的事，但是卻可以決定人際關係的好壞。另外，除了自己的非言語行為之外，也要多注意對方的非言語行為。並不是要你注意對方講了些什麼，而是要注意他是如何說話的，藉此努力去體會對方的心情。

以表情的判斷力來建立人際關係

表情分析系統＝FACS

所謂的ＦＡＣＳ是指，美國的非言語研究者艾克曼所開發出來的表情分析系統。取 Facial Action Coding System的第一個字母，因此命名為ＦＡＣＳ。

艾克曼從解剖學的角度來研究產生表情的臉部肌肉，並明確的歸納出肌肉與表情的關係。發現即使不帶任何心理、感情的因素，只要動一動臉上的肌肉，就可以創造出喜悅、悲傷、憤怒等等的表情，依照這一點就可以從表情來判斷對方的情感。這樣一來，他就會明白哪一條筋會產生什麼表情以及看到這個表情的人會做出什麼樣的感情判斷。

艾克曼等人利用ＦＡＣＳ創造出表情判斷能力的訓練計畫。這個訓練是讓參加此計畫的人看各式各樣的表情，而且可以正確的判斷出是哪一條筋在動。這個計畫是要在大約一〇〇個小時內完成一個固定的課程。

透過這個訓練可以提高表情的解讀能力，而且透過對臉部肌肉的注意，也可以使自己的表情變豐富，更能提高表達能力。可以說隨著非言語的解讀和傳達能力的提高，人際關係也會變得更順暢。

實際上，上過這個課程的人都會說：「我的人際關係越來越好了」。

表情是世界共通的語言

達爾文的表情研究

應該沒有人不認識航行全世界、提倡進化論的生物學者達爾文吧！但是，意外的，大家都不知道在那之後達爾文曾從事臉部表情的研究。非言語行為研究者的先驅就是達爾文。

達爾文發現，憤怒或恐怖等情緒的表達方式其實不分人種、文化，是全人類共通的。不管是哪個文化的人，生氣時眼角會向上吊，而害怕時額頭會皺起來。

此外，達爾文更發現了不只是人類，靈長類也和人類一樣，是以表情來傳達情緒的。其結論就是，像這樣子跨越了文化、種類，表情的傳達成為一個共通點，因為感情的表達是依照發生學來做決定的。在一八七二年時，出版了一本名為《人類與動物的情緒表現》的書。

之後，在這方面的研究並沒有受到多大的重視。但是，最近隨著大家對非言語行為的興趣提高，針對表情的研究也越來越盛行。

其中，美國的艾克曼為了證實達爾文的主張，利用同一張照片對世界各國異文化的人做表情判斷的測驗。結果，連從來沒看過美國電視的新幾內亞人民也可以從表現出各式各樣表情的美國人的照片中，正確的判斷出他們的情緒。由此可見，基本的情緒表達不管在世界的哪個角落，都是共通的。

感情是如何表現在表情上的呢？

感情和臉部肌肉的動作

臉部表情是透過臉部肌肉的緊繃和鬆弛所產生出來的。每種情緒會產生什麼樣的表情，以下就針對六種基本情緒的表情變化來做介紹。

①驚訝的表情——感到驚訝時，眼睛的上半部會向上，下半部會向下，力量在臉上呈上下拉扯的狀態。結果，眉毛就會上揚，而眼睛則會上下撐開。

②恐怖的表情——害怕時，力量會集中在雙眉之間。因此，眉毛就會擠在中間，皺成八字型。眼睛只有上半部打開，而臉的下半部卻相反的往內縮，嘴巴向兩邊拉開。

③厭惡的表情——感到厭惡時，力量會集中在鼻子的中央部位。所以鼻子上會產生皺紋，上唇和臉頰都會往上，而眉毛則會往下變成八字型。

④生氣的表情——生氣時，整個臉部都會用力。當你要壓抑住怒氣的時候，特別會在鼻頭上出力，所以鼻

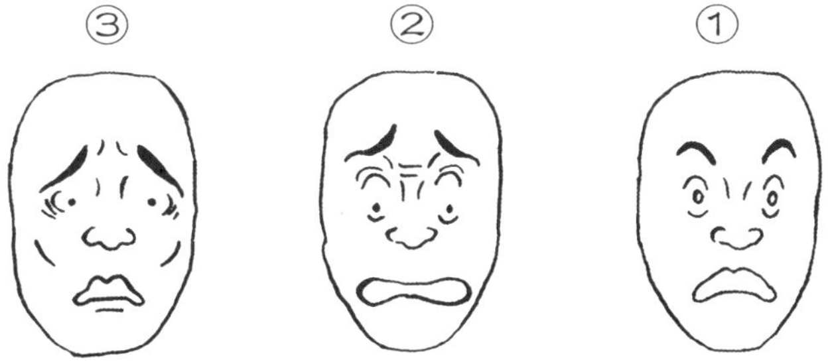

驚訝的表情　恐怖的表情　厭惡的表情

孔就會打開。如果是面對面生氣的話，兩眼之間就會出力。因此，在額頭上會產生皺紋，而眉頭就會往中間聚集並向下變成倒八字型。

⑤**喜悅的表情**——高興時，兩耳會用力向兩邊伸展。因此，臉的上半部會呈現八字型，而下半部則會變成倒八字型。眉毛和眼角的外側向下，而嘴角則往上。

⑥**悲傷的表情**——悲傷時，臉部完全沒有任何力量。由於不會緊張，所以臉上就會呈現出鬆弛的樣子。只有眉毛的內側間牽動。因此，眉毛之間的地方會變得比較高。外側的眉毛和眼角之間會大幅拉開，形成一個三角形。

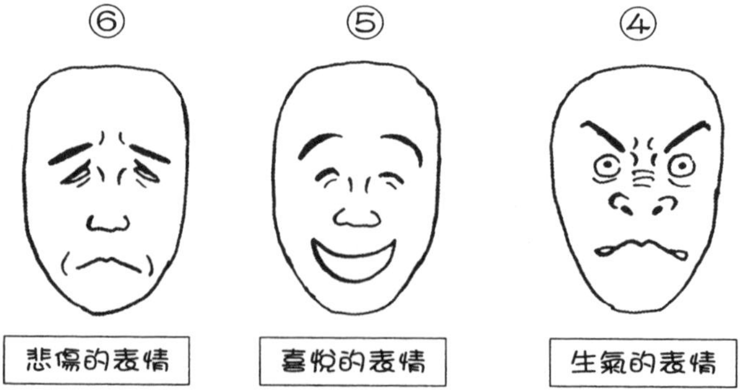

表情會產生感情!?

臉部肌肉和感情的神經生理性結合

就像「無法言喻般的快樂」一樣，我們很難去表達內心的快樂。但是，像那樣子的快樂我們只要從那個人的臉部表情就可以看得出來。雖然我們常常會說「感動是難以用筆墨來形容的」，但是看到那人發呆的臉及姿態，那份感動自然而然就會傳遞過來，讓看的人也能感同身受。同樣的，真正的悲傷是無法用語言表達的。但是看到那人流下的淚和緊握的手，也會讓我們的心陷入沈痛的悲傷當中。

像那樣強烈的情緒和感動，是無法順利用語言表達的。因為語言比較間接，而且會讓人感到曖昧，反而無法正確的傳達內心的感受。

另一方面，臉部表情、手足的姿勢以及身體的姿態等非言語行為，可以將我們的感情及感動直接傳達給對方。

特別是在最近的研究中，已經證實了表情在神經生理學上和情緒有直接的關係。根據臉部肌肉的動作，可以創造出喜和怒的表情，而在臉部肌肉變化的影響之下，本人也會感到憤怒或是喜悅。

悲傷時，我們常常都會說：「勉強笑一笑嘛！」從神經生理學的角度來看，由於臉部的肌肉會創造出情緒，所以這是趕走悲傷最好的方法。

假笑和自然的笑

如果有人叫我們笑，我們可以馬上做出微笑的表情，這就是所謂的「假笑」。另一方面，聽到好笑的事情，我們會覺得好笑而笑出來，這就是「自然的笑」。

像這樣，表情是由兩種神經系統的命令創造出來的。其中一個是有意識的牽動隨意肌所產生的表情，而另一個是依據自律神經系統的反應所自然產生的表情。由於兩者是各自獨立的，命令系統不同，所以創造出來的表情也不同。

當我們在看電視影集或電影時，總覺得演員們的表情不太自然，那是因為這是他們刻意做出來的表情。同一個演員在談話性節目中所表現出來的每一個自然表情都不一樣，即使是同樣的笑容也會有些不同。

創造出表情的兩個神經系統

有一個實驗是，先讓一個人自然的產生笑容和憤怒，用照相機照下來之後，再讓他看照片並要求他做出和照片一樣的表情，目的就是要讓他刻意做出表情。如此一來，我們就可以了解要做出一模一樣的表情是非常困難的事。另外，由於神經障礙，有人聽到笑話時可以笑出來，可是卻沒有辦法刻意裝出笑臉；相反的，也有人可以刻意裝出笑臉，但是聽到笑話時卻笑不出來。

由於表情是由兩個獨立的神經系統所創造出來的，所以只要仔細看就會發現刻意裝出來的表情和自然的表情是不同的。能否分辨其中的差異，在待人處事上變成相當重要的一環。

舉手投足間可以表達出真心

非言語洩漏

在大型的相撲比賽中，當平幕力士第一次打倒橫綱得到金星時，想必非常高興，且高興得想在相撲場上高呼萬歲吧！但是，力士在相撲場上通常都會裝出一副什麼事也沒有，非常平靜的樣子。在相撲場上不表現出任何感情，這在相撲界裡已變成一個慣例了。

像這種不能直接將勝利的喜悅表現出來的運動，應該沒有了吧！從這裡就可以看出日本社會的人際關係中存在著雙重結構，可以依照情況的不同來決定何時該講究原則，何時該說真心話，並能夠明確的區別公事及私事。其中最具代表的就是國技的慣例。

雖然如此，對剛打敗橫綱得到金星的年輕力士而言，心中想必充滿喜悅，這是無法全部隱藏起來的。透過長年累積的經驗雖然可以控制臉上的表情，但是在舉手投足間處處都會透露出他無限的喜悅。當他從通道走回去的時候，肩膀會不自覺的高聳起來。

從這樣子的一個動作就可以得知力士真正的心情，稱為「非言語洩漏」。雖然嘴巴上講的是公事或規則，但是從表情、講話方式、動作和額頭上的冷汗等的非言語表現，就可以知道那個人內心真正的情緒。即使可以控制表情，但是從肢體語言中就已經看出他在說謊。

我們常常會忽略控制手、腳等身體其他部位的動作，因而容易產生非言語洩漏。如果要判斷對方是否在說謊，只要多加注意其身體部位的一些非言語行為就可以知道了。

為什麼真正的心意會表現在非言語行為中呢？

非言語的自然學習性

「即使你不說，從你的表情就可以看出來了。喏！你的表情在笑呢！」像這樣，非言語行為比言語行為更能表現一個人真正的心意。如果單從遣詞用字來看，通常不容易識破一個人的謊話；若從額頭上的汗、眨眼、慌張的眼神以及身體的搖動等非言語行為來看，謊言就無所遁形了。

為什麼非言語行為能表現一個人真正的心意呢？原因之一就是，無意識的非言語行為是無法按照自己的意識來訓練的。

非言語行為是由遺傳上的因素，以及在成長過程中經由模仿他人的非言語行為所學習而來的。但是，這和語言的學習是不同的，它並不是透過確切的學習和訓練才學會的。與其說學習，不如說是因習慣而自然學會的。表現這方面雖然可以學習，但是關於要如何控制就無法學習了。

例如，請在臉上表現出「痛」的表情，我想這是很簡單的事。但痛的表情是用哪條筋來表現的？如果不去注意是無法了解的。結果，因為在一瞬間不知道該控制哪裡比較好，所以真正感到痛的時候，想隱藏也隱藏不住。

因此，透過非言語行為很容易表現出一個人真正的心意，如果在這方面多加注意，就比較容易了解他的真心了。

反對的時候會一邊敲著桌子

非言語的輔助性功能

有一句諺語最能代表非言語行為所產生的效果，那就是「眉目傳情」。用眼神來表達愛意和用口頭表達一樣，都能向對方傳達自己的心意。

那麼，當我們想傳達一件事情時，語言和非言語行為各自會產生什麼效果呢？就一般人的觀念來看，幾乎都認為非言語行為是用來輔助言語行為的。想要表達謝意時，光在嘴巴上道謝是不夠的，還要再深深一鞠躬，這樣才能將感謝的心意明確的傳達給對方知道。

另外，如果想讓對方知道我們反對他的時候，光是講「你的想法有三個問題」是不夠的，不僅要大聲的反對，而且還要以拳頭用力的敲打桌子，這樣才能將你強烈的反對傳達給對方知道。

再者，當你很難用語言明確的表達出自己的情感時，例如好感，可以將身體靠近，用眼神凝視等這種非言語行為來彌補語言上的不足。

當語言和態度不一的時候

非言語行為的優越性

當語言和非言語行為產生矛盾時，例如，面對嘴上講著「不要、不要」但身體卻靠過來的女性時，男性該如何應對呢？這時不管再怎麼笨的男性，也應該不會相信她嘴上講的話，進而以為她討厭自己吧！

一般而言，雖說非言語行為是用來輔助語言的，但如果是男女交往的情形，像這種以語言為主、非言語行為為輔的想法似乎就有些問題存在。

就像開始所舉的例子一樣，當語言和非言語行為產生差異時，非言語的表現比較會讓人接受，這也就表示非言語行為較具有傳達能力。這到底是不是真的？心理學者做了以下的實驗。

首先，說話的內容是非常權威性的，但講話的態度卻很軟弱、謙虛，而且一邊點頭一邊說話。相反的，說話的內容非常謙卑，但是卻用非常囂張、傲慢的態度說話。當你遇到像這樣子在語言和態度（非言語行為）上互相矛盾的人時，會產生什麼印象？以上就針對這一點來調查。總之，心理學者所要調查的是，人會以語言還是非言語行為來作為判斷對方心態的依據。

結果發現，在令人產生印象這方面，非言語行為比語言擁有更強烈的影響力。這件事主要是告訴我們，以態度來表達情感和好惡是非常重要的。

相互傳遞感動的肢體語言

非言語的直接性

在運動中獲得勝利時，會以身體充分表現出喜悅。這種時候就是非言語行為的「大遊行」。比起語言，肢體語言更能直接的表達情緒。例如，若是棒球比賽，投手和捕手會在本壘板上擁抱。若是拳擊比賽，教練會抱起高舉著雙手的選手。若是足球比賽，大家會壓倒踢進勝利的一球的選手。

這樣可以將感動傳達給觀眾，也可以讓正在觀賞的愛好者們感到非常高興，連很多在電視機前觀賞的人也會高興得流淚、舞動自己的身體。因此，可以說非言語行為中蘊藏著一份直接表達情感的力量。

按照這個意思來看，非言語溝通不單只是一種不使用語言的溝通方式而已，它還蘊藏著更深的含意。若說到非言語溝通，通常大部分的人都會覺得是先有使用語言的言語溝通，並以它為中心，之後才有非言語溝通。

但是，動物幾乎都是依靠非言語溝通的，若以這點來看，對於同樣是動物的人類來說，非言語溝通可以說是最原始，也是最基本的溝通方法，並且可以直接傳達到對方的內心裡。

默劇是種肢體語言

姿勢的心理傳達

默劇在遊樂場裡是非常受歡迎的。特別是孩子們會圍在旁邊，讓人無法動彈。一言不發，以手腳為中心來運用整個身體的默劇表演者可以說是肢體語言的專家。

另一方面，觀眾們都是外行人。但即使是小孩，只要一看默劇，就可以知道表演者的每個姿勢是代表什麼意思。

從這裡就可以知道，我們每個人都擁有一種能力，讓我們可以只透過對方身體的姿勢就知道那個人正在做的事、想法以及心理狀態。

請看下面的圖，試著從那些人的姿勢來猜想他們正在做什麼。

我們馬上就能推測出——

①是感到好奇而在看某樣東西。

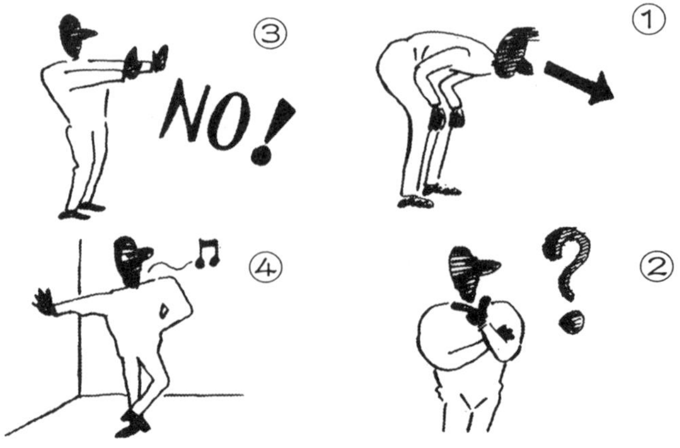

②是在思考。
③是拒絕。
④是心情好。

當然，要完全了解對方的行動和心理是不可能的，但我們還是擁有從肢體語言來讀取對方內心訊息的基本能力。如果加強這種能力，在人與人之間的相互了解上應該會有所助益。

《從肢體語言來讀取內心的訊息》

有時候小指代表著洗手間

象徵手勢

豎起食指和中指所做出的勝利V字是世界共通的手勢。雖然最近才開始在國內流行，但是孩子們從以前就會比V字。只要面對鏡頭，不管是美國的小孩、非洲的小孩或是阿拉伯的小孩，都會笑著擺出V字的手勢。

V字代表著勝利、喜悅、同意的意思。像V字手勢一樣，當一個手勢擁有明確的意思時，稱為「象徵手勢」。不過，在這種象徵手勢中，很少能夠像勝利V字一樣成為世界共通的手勢，通常都只是在某個特定的文化或區域通用而已。

例如，豎起小指時，指的是女性（愛人）。但是，小指代表女性的這種象徵手勢只在日本和韓國通用而已。如果在印度及斯里蘭卡做出同一個手勢，那是代表洗手間，會讓人家以為你想上廁所。

另外，小指在五根手指頭中是最小的，所以在菲律賓和印尼是代表年幼的意思。若從大拇指來看，小指是最後一隻，所以在新加坡和馬來西亞是代表最後和倒數第一的意思。另外，在泰國是代表友情。

如上所述，手勢會因文化和區域而有所不同，所以當你到外國時，不要認為語言不通就想用手勢來溝通，一不小心就會引起誤解和混亂，所以要特別小心。

助益良多的手勢

手勢的四個功能

手勢的功能如以下所示，依序加以說明。

①象徵的功能
②圖解說明的功能
③語言補助的功能
④調整會話的功能

①象徵的功能

用大拇指和食指做出一個圓圈，代表錢的意思。這就像之前所說的，手勢可用來表示某個含意。

②圖解說明的功能

用圖畫來說明比較能讓人理解時，就要靠手勢做出形狀來加以說明。例如，「就是這種形狀，了解嗎？」、「大概這麼大」……像這樣，透過手勢去描述形狀和大小，就會比較容易溝通。

③語言補助的功能

就像在演講中常常可以看到的一樣，演講者想強調的時候，會上下揮動著手並敲打桌子。即使是平常的對話也一樣，講到重點時就會運用手和身體，試著讓對方知道這是件重要的事。聽的人也可以從說話者的手勢知道其強調的重點在哪裡。

④調整會話的功能

兩個人的對話是一來一往的。說話者會以手勢來表示輪到聽者說話了。而聽者想說話的時候也會以手勢來表達。為了讓對話能順暢的繼續下去，有些手勢是相當有幫助的。

到底要使用哪些手勢呢？下一次和朋友說話時，請多加注意。

翹起小指喝紅茶的男性

非言語的性別訊息

有些男性在喝紅茶時，會稍微翹起拿杯子那隻手的小指。看到這種情況時，無論那個人長得再怎麼粗獷，都會讓人感到有點娘娘腔，甚至懷疑他的性向。

從非言語行為就可以明顯的看出一個人的性別。我們通常會透過肢體語言來表現自己的性別，這是因為在整個社會化的過程中，我們從小每天都在學習性別上的差異，然後漸漸養成習慣，所以大部分的行為都是在無意識中表現出來的。

在此，請再一次透過性別的表現方法來檢視自己和異性的非言語行為。我想表現性別的非言語行為的數量一定非常驚人。而且，我們將會發現大部分的非言語行為中都蘊藏著性別訊息。

請特別注意以下六個非言語行為。

①走路方式
②說話時手的擺動方式
③說話時的眼神
④坐下時腳擺的位置及姿勢
⑤坐下時腰部的姿勢
⑥頭和身體的角度，也就是脖子的擺動方式

例如，從走路方式來看，女性是內八字的走法，而男性則是外八字。走路外八字的女性會給人一種男性化的感覺。走路時擺動腰部會傳達出一種女性訊息。性別的差異會決定一個人的走路方式，而且根據這些動作的誇大，會傳達出性別的訊息。

哈日族注意——為什麼要加上「お」呢？

日本人為什麼講話比較有禮貌的時候，就會加上「お」呢？

那原本是女性用語，在室町時代，那些在宮廷中的宮女們最先開始使用與一般社會不同的詞語。其中最大的特色就是，她們說話時會在字的前面加上「お」，在後面加上「もじ」。由於古代的女性們認為在大眾面前談論關於穿著和飲食的事是非常可恥的，所以為了讓自己的話聽起來能更有禮貌一點，就會加上「お」或「もじ」。之後，從侍奉德川將軍的宮女們到平常百姓的女性之間，就開始盛行這種說話方式。

當作接頭語的「お」到現在仍被人們所使用，但是接尾語「もじ」就比較少被使用了。

翹腳的女性

非言語性別的文化差

最近，會翹腳的女性越來越多了。以職業婦女為主，女性們不管是在工作場所或電車上都會翹腳。以前女性是不會在別人面前翹腳的，翹腳這種非言語行為是非常男性化的，所以只有男性才會做。

做為先鋒的職業婦女們或許是想讓自己變得男性化或是中性化一點，所以才會積極的做出翹腳這種男性化的行為。隨著越來越多的女性投入工作，這種觀念已在所有的女性中慢慢擴散開來，所以翹腳不再是代表男性的一種非言語訊息了。像這樣，時代及文化會強烈影響性別表現的非言語行為。

若說到性別的肢體訊息時，大部分的人往往只會注意到男女之間生物上及身體上的不同。的確，從生物的角度來看，男女的身體構造是不同的，但是我們必須注意的是，比起身體上的不同，文化及社會擁有更大的影響力。

例如，從翹腳的方式來看，美國男性會把一隻腳的腳裸放在另一隻腳的膝上。若是在非常擁擠的場所或客滿的電車中依舊這樣翹腳，會帶給別人相當大的困擾。而日本人通常都是將兩膝重疊（法國人也是），但這在美國是屬於女性的翹腳方式。因此，當美國人到日本或法國時，都會覺得每個男性看起來都像女性一樣。

透過臉和身體可以傳達什麼樣的訊息？

非言語行為的六大功能

瞬大眼睛、快樂微笑著的嘴角、嘟嘴、舉起拳頭、深深的鞠躬……等，這些都是不使用語言，而靠身體動作來表現的非言語行為。到目前為止，我已說過非言語行為比起千言萬語更能正確的將心意傳達給對方知道，而在這裡我將非言語行為（肢體語言）的功能整合成以下六點。

①**感情的傳達**——比起語言，更能正確的傳達或交換好感、親密性、厭惡等等的感情以及情緒或是關心。

②**調整會話的傳達**——兩個人說話時，可以透過非言語行為來讓說話者及聽者的角色互換。

③**真正心意的傳達**——透過非言語行為，可以察覺、推測出無法用語言表達的真正心意。

④**對人控制的傳達**——用銳利的眼光瞪著對方，可以制止他的行為。另外，也可以用微笑來支持對方。

⑤**目標的傳達**——用手指指著目標的話，可以讓對方將注意力移轉到那上面，並促進目標的達成。

⑥**圖解的傳達**——想要表達形狀時，可以用手及身體做出形狀，並加以說明。在說明地點時，直接把地圖傳真過去會比在電話上說還要更快速、正確。而這兩者是相同的道理。

日本人講法語的時候

非言語行為的文化比較

當你在觀看外國節目時，請將音量關掉，不要去聽外國人在講什麼，請試著從他的表情及講話方式來猜猜看他是哪一國人、講哪一種語言。如果都能猜中的話，你就可以說是個了不起的國際人了。

首先，由於每個民族的臉形、膚色及髮色都不同，所以大致上可以透過這一點來區別他是西歐人、阿拉伯人或是亞洲人。然後，從那個人說話的方式、姿勢、手勢以及表情的豐富程度，可以判斷出他講的是哪一國語言。

雖然講話是一種言語行為，但是在說話的同時，必定會伴隨著非言語行為。這時的非言語行為就會隨著各種語言及文化的不同而有所差異。

最近電視上有許多到外國出景的節目和國際性的新聞節目，只要注意看，馬上就可以了解這個道理了。義大利及法國等拉丁語系的人們擁有豐富的表情及手勢。而阿拉伯人在說話時，身體動作的幅度較大。相較之下，日本人的動作就比較小，取而代之的是一邊說話一邊靜靜的微笑。

但有趣的是，當日本人在說義大利語或是法語時，也會和拉丁語系的人一樣，講話的時候會加入許多手勢。如果朋友當中有人會講外文，請多加注意一下。我想你就會發現言語行為（說話）和非言語行為其實是表裡一致的。

日本人的面無表情

感情表現上的文化差異①

感情可以表現在表情上。所謂的表情就是表現感情，但是日本人不會輕易將內心的情感表現在表情上。

日本人不太將感情表現在表情上，是因為在日本人的文化裡，認為不會將內心的起伏表現在臉上才是成熟的人。因為將內心深處透明化或是內心被透視，都會令人感到可恥。這在世界上是非常稀有的文化，而且在表情和感情之間的關係的研究裡，可以說是最令人感興趣的文化。

從日本人的角度來看，其他文化的人的表情和表現出來的感情太一致、太過於單純，反而一點樂趣也沒有。

某位年過六十的美國教授在述說反對意見時，臉會漲得通紅，一邊從頭部散發熱氣，一邊大力反對著。若是經驗老到的日本教授，絕對不會有這樣的表情，而應該是一邊微笑，一邊述說反對意見。

有一個實驗是這樣的，從日本、英國及義大利這三個國家的人的表情來判斷他們的感情，然後比較答對的比率。結果，這三個國家的人對於英國人及義大利人所做出的判斷，正確率相當高。相對的，英國人及義大利人就不太能了解日本人的表情。由於他們長時間壓抑感情的表達，所以臉部肌肉的動作較少，表現力也變得較差。不過，最近年輕人終於開始以大表情來表現喜怒哀樂了。

日本人的苦笑

感情表現上的文化差異②

日本人常會以苦笑來掩飾自己的難為情。生氣時為了隱藏怒氣而笑，悲傷時為了隱藏憂愁而笑，為難時也同樣會用笑來掩飾。

這種笑是外國人所無法理解的。曾經有個美國人看到日本人在絕望的狀況下依然笑得出來時，感到非常生氣，心想「這個時候怎麼還笑得出來」。

為什麼那個美國人無法理解呢？這是因為美國人都是直接把感情表現在臉上的。也就是說，當日本人在苦笑時，美國人並不能了解日本人的痛苦，只看到表面的笑容就以為他們真的在笑，覺得無法理解而感到生氣。

意圖向對方表態的時候

非言語信號行為

當對方一直講個不停時，我們通常都會希望他停止。但是，即使希望他停止，口頭上也不能明確地講出來。這時可以用打哈欠、看手錶、目光不集中等這些非言語行為來取代，將自己的意圖傳達給對方。

這時所表現的非言語行為屬於意圖的非言語行為。由於有將信號傳達給對方的意思，所以又稱為非言語信號行為。非言語信號行為主要被使用在以下四種狀況中。

①在待人關係上賦予目標
②自我呈現
③感情狀態的傳達
④待人態度的傳達

所謂的「在待人關係上賦予目標」是指，想要跟對方維持、發展或是終止關係時，透過非言語信號行為來傳達給對方知道。若是想要和對方維持、發展關係，可以透過凝視說話者的眼睛並適時點頭回應，或是將身體靠近以及配合對方的話來改變自己的表情等這些動作來向對方發出信號。

另一方面，若想和對方結束關係時，可以移轉視線，然後面向別處，並且不做任何回應，擺出一副毫無興趣的樣子。如果看到對方有這種表現時，不管是誰都會失去講話的興致，而想要主動結束話題。

獨自一人處於陌生環境中

非言語的自我呈現

海外旅行相當盛行。在現在這個時代中，沒出過國的人相當少。撇開工作不談，大部分到外國旅行的人都會選擇由旅行社代辦的團體旅行，不僅可以住在一流的飯店，而且各方面旅行社的人都會幫你安排好，可以非常安心。比起一個人旅行，或許輕鬆愉快的旅行更受歡迎。

如果是和兩、三個朋友一起參加旅行社所舉辦的旅遊，確實會非常輕鬆。但若是獨自一個人參加，雖然安心，可是卻沒有那麼輕鬆愉快。這跟一個人旅行是不同的，你必須要跟不認識的人一起旅行一、兩個禮拜，所以必須考量到人際關係的問題，或許有不少人會因此而覺得心情沈重。

由於平常在公司或學校裡來往的都是很熟悉的人，也都互相了解對方是什麼樣的人，所以不需要再重新推銷自己（清楚的表現自己）。

但是，當你一個人獨自去參加旅行社所舉辦的旅遊時，周遭沒有一個人知道你的事情。因此，你必須表現自我，讓其他人知道你是什麼樣的人。

千萬不要直接在口頭上講「我是個開朗、率直、頭腦聰明的人」，這種時候就要利用非言語行為了。將自己最完美的一面呈現出來，透過微笑、點頭帶給對方開朗的印象。

偉大的人會大搖大擺的坐在椅子上

非言語行為所傳達的內容

非言語溝通是透過視線、表情、動作、姿勢、聲音等行為來表達的。美國的非言語研究者馬拉畢安針對多樣化的非言語行為來作分析，並透過非言語行為可以傳達訊息這一點，將非言語行為大致上分為以下三部分。最好將它當作是非言語行為的基本結構。

①接近性（好惡的感情）
②放鬆性（上下關係）
③活動性（關心程度）

①接近性

面對喜歡的人時，通常都會面對面直視他的眼睛，並且慢慢靠近，縮短兩人的距離，想要接近對方。但是，當遇到自己討厭的人時，我們通常都會避開對方的視線，然後將身體轉到另一邊，盡可能的遠離他。

②放鬆性

地位低的人在地位高的人面前會緊張，且呈現身體僵硬、無法動彈的狀態，並會非常注意對方的一舉一動。另一方面，地位高且擁有權力的人就會大搖大擺的抱著胳博、翹著腿，自在的活動身體，表現出一副非常輕鬆的樣子。

③活動性

說話時如果比手劃腳，對方就可以感受到你是非常認真、專心的在表達自己的意見。若不斷的點頭，可以表現出你對說話者以及說話內容充滿興趣。另外，大家可能不知道，聲音的大小及速度也是表示濃厚興趣的一種重要的非言語信號。

哈日族注意——有多少語彙呢？

只要看或聽，一下子就可以了解意思的語彙被稱為「理解語彙」。一般日本的高中生所擁有的理解語彙平均大約是三萬字。

根據日本國語學者的調查，發現日本人6歲時擁有600字的單字量，11歲時2000字，14歲時36000字，17歲時46000字，20歲時48000字。

其中，以社會一員的身分在進行平常會話時所需要的語彙，我們稱之為「基本語彙」。到底要擁有多少的單字量才夠呢？例如，平常在報紙上所使用的語彙大約5000字。或許你會感到非常意外，覺得怎麼會那麼少，可是確實這樣就已經足夠了。

無法正視老師眼睛的小孩

眼神交會的多種含意

小學老師通常都會對說謊的小孩說：「看著我的眼睛！我就可以知道你有沒有說謊。」這樣一來，說謊的小孩根本不敢看老師的眼睛，於是就會坦承自己說謊。對於小孩來說，和老師眼神交會就好像內心被透視一樣，非常恐怖。

有句諺語說「眼睛是靈魂之窗」，戀人們可以透過靈魂之窗來互表心意。只要互相凝視，內心就會充滿幸福的感覺。眼神交會擁有讓人心動的力量，而長時間的眼神交會則會讓人產生生理的興奮。

眼神交會可以表達對對方的關心，同時也是一種可以傳達好惡的非言語行為。傳達的是好感還是敵意，要看當時的情況以及臉部表情等其他的非言語行為來決定。像戀人們之間溫柔的眼神交會是傳達好感。另一方面，運動場上的競爭對手會緊張的互相仇視，從眼神中冒出火花，在這種狀況下所傳達的是鬥志。另外，流氓不懷好意的看著對方的臉時，就是在表達敵意。

雖然有人說人際關係是從眼神交會開始的，但由於眼神交會也會傳達厭惡的情感，所以與時機及其他溝通行為的配合也是相當重要的。萬一表達錯誤，很容易會讓人對你感到害怕。

眼神熊熊地燃燒時

瞳孔韻律學

棒球比賽正如火如荼的進行時，打擊者敵視投手的那種眼神，通常以「眼神在燃燒」來表現。在漫畫裡，眼睛會冒出熊熊的烈火。另外，畫家在夢中看著畫布的眼神則被形容為「閃閃發亮」。這些絕不只是在形容而已，透過心理學的實驗，我們可以知道當人在興奮時，瞳孔也會產生變化。

誰都知道瞳孔的大小會改變。瞳孔就有如照相機鏡頭的光圈，當光線強烈時，為了減少進入眼睛的光線，所以瞳孔會縮小。而在晚上光線不足時，為了讓更多的光線進入眼睛，所以瞳孔會放大。由於貓的眼睛對光比人還要敏感，所以有飼養貓的人想必很清楚光線的強弱與瞳孔大小的關係。

瞳孔會隨著光線的強弱而改變大小，不僅如此，連心理也會跟著改變。也就是說，當你正致力於某件事以及看到感興趣的事物時，瞳孔都會放大。

有一個實驗是，讓許多人看各式各樣的幻燈片，然後測試他們瞳孔的大小。結果，男性看到女性的裸體照片時，而女性則是看到嬰兒的照片時瞳孔會放大。由於是無意識的反應，所以讓人看許多幻燈片，然後再調查瞳孔的反應，就可以知道那個人對什麼有興趣。事實上，男同性戀者看到男性的裸體照片時，比看到女性的裸體照片時瞳孔會放得更大。

為什麼黑眼珠的女性比較有魅力？

瞳孔大小及關心程度的關係

被人凝視會覺得興奮，因為眼神交會可以打動人心。透過眼神交會可以讓對方看到你瞳孔的大小，根據這點，還可以將自己興奮的程度傳達給對方知道。當興奮中的戀人互相凝視的時候，可以提高和促進彼此的興奮。

在各式各樣的照片裡放入兩張同一個有魅力的女性照片，然後讓男性們看。雖然兩張是同一個有魅力女性的照片，但是將其中一張的瞳孔修改成大一點並塗成黑色。由於那名女性是綠眼珠，所以瞳孔的大小很容易就看得出來。

針對男性們對於這兩張照片中的女性的好惡做調查，結果發現，將瞳孔修改過並塗成黑色的女性較具有魅力，廣受大家喜愛。理由相當明顯，因為擁有綠眼珠的女性照片可以說是中性的照片，相較之下，修改過瞳孔的女性照片看起來就像是在向自己表達關心和好感。從這裡就可以證實「人會對喜歡自己的人產生好感」這個法則。

在日本人的看法裡，瞳孔的大小無法明確的傳達訊息給對方知道，可是對方卻可以從瞳孔散發出來的光輝來判斷。

說話時兩人眼神交會的程度

眼神交會的分析

小學老師常常教導我們要看著說話者的眼睛。這是因為透過眼神交會，不僅會讓人產生緊張感、了解話中真正的含意，還可以感受到語言以外的意思。

老師對學生說話或是在演講會中，當說話者和聽者之間的會話是單向進行的時候，聽眾注視說話者是非常重要的一件事。因為根據這一點，說話者就可以確認自己所說的內容是否引起聽眾的興趣，然後繼續原來的話題。如果每一個聽眾都看別的地方或是打瞌睡，那麼說話者就沒有心情繼續講了。

但是，閒聊時就另當別論了。若是兩個人在閒聊時一直被對方注視，尤其又不是戀人，想必會感到窒息，而心情也會變差吧！因為兩人在閒談時，眼神並不會常常交會。

根據某位心理學者的研究，人在說話時有一半以上，大約61%的時間都會看著對方，眼神交會大概佔了整個談話三分之一的時間。另外，看對方一次大概有三秒鐘，而眼神交會則大約有一秒。

從這件事的反方向來思考，如果被注視六秒以上，且眼神交會長達三秒時，也許其中隱藏著什麼心理含意也說不定。

如果注視正在等紅燈的司機

注視的攻擊性

你正在開車，遇到紅燈停了下來。此時如果有一個路人從車外一直看你。這時你會怎樣？

或許會生氣的想大喊：「看什麼，你這混蛋！」當你還在想的時候，馬上就綠燈了。這時你會像平時一樣踏下油門快速離開嗎？凝視對方雖然可以傳達好感，但如果對方是不認識的人，那麼他就會以為你是在表示敵意和挑釁。這種感覺就好像是流氓常常說的「被人仇視」。

當你接受挑戰時，你會發動攻擊還是逃走？被路人注視時會想罵「混蛋」，這就是所謂的攻擊。如果是馬上踩油門迅速離去，那麼就表示想趕快從那個狀況中逃離出去。

美國的心理學者做了一個實驗，他們站在十字路口注視停下來等紅燈的計程車司機，然後測試那些計程車司機在變成綠燈時會以多快的速度開車離開。

結果發現，比起沒有被注視的司機，那些被注視的司機都以較快的速度離開十字路口。那些司機會逃走完全是因為被人注視的關係。這樣非常危險，所以請不要在十字路口注視車子的駕駛者。

為什麼在客滿的電車裡會非常安靜呢？

親密性平衡理論

客滿的電車裡非常安靜，那是因為電車裡人多到無法動彈，所以沒人說話。在早上上班上課的尖峰時段，由於周遭都是不認識的人，所以不說話是理所當然的。但是，其中也許會有彼此認識的鄰居或同事在同一個車站相遇吧！這時若多加注意，就會發現兩人在月台上時會隨意聊天，但是一進入客滿的電車後，就會馬上停止說話。

原因有很多，有可能是不想被其他人聽到說話的內容，也有可能是因為太擠而無法面對對方說話。但是，即使兩人可以面對面也不會說話，此時彼此會移開視線，看看電車中的廣告或是閉上眼睛休息。

那麼，為什麼一進入客滿的電車中，身體被擠得無法動彈時就不說話了呢？那是因為在擁擠的電車中，人與人之間無法保持適當的距離，以致和別人靠得太近，所以心情會變得很差。像在客滿的電車中那樣的距離並不是朋友之間應有的距離，而是戀人之間的距離。

因此，為了修改這種距離感，會對人採取疏遠的態度。亦即透過對人疏遠的行為來扣除因距離接近而增加的親密感，回復到本來朋友該有的親密性。

這樣的行為被用來保持親密性的平衡，所以被稱為「平衡行為」。

兩人的距離以及眼神交會的次數

平衡理論的實驗

當談話中的兩人太過靠近時，會避免與對方眼神交會。有研究者用實驗證明了「親密性平衡理論」。所謂的「親密性平衡理論」是指，為了確保和對方適當的親密性，會運用以及修改一些非言語行為來保持平衡。

將狀況設定為兩個陌生人在說話，並且將兩者固定出60公分、2公尺、3公尺等三種距離，然後測定會話中兩人眼神交會的次數。設定對手為同性以及異性兩個不同的場景。

結果發現，同性眼神交會的次數較多。在2公尺、3公尺的距離下，同性一分鐘眼神交會了40～50次，而異性只有30次左右。那麼，對於陌生人來說，太過於靠近的60公分又是什麼樣的情況呢？果然就像理論上所說的一樣，眼神交會的次數變得非常少。同性一分鐘大概減少到30次左右，而異性則減少到20次以下。總之，由於陌生的兩人太過於接近，為了改變這種情況，只好減少眼神交會那種可以縮短距離的非言語行為。

如上所述，非言語溝通會透過各種有意識及無意識的管道進行，傳達訊息。當然，互有好感的異性們會比同性朋友們擁有更多的眼神交會。

第二章

人的勢力範圍以及互動接觸

深海潛水伕和黑紋裸胸鱔

動物的領域及攻擊性

在珊瑚礁的深海中漫步，確實可以享受很好的氣氛，但卻存在著相當大的危險性，其中之一就是黑紋裸胸鱔。對深海潛水伕而言，黑紋裸胸鱔是非常恐怖的動物。由於黑紋裸胸鱔含有劇毒，若不小心被咬到，很容易就會喪命。

黑紋裸胸鱔原本是相當懦弱、怕事的動物，常常都躲在珊瑚礁和岩穴中，即使游到外面，只要一有敵人靠近，就會馬上逃回洞穴裡。因此，如果黑紋裸胸鱔和潛水伕都互相看到對方的話，那就不會有什麼危險了。

但是，即使是那麼懦弱的動物，當敵人靠得太近而無法逃脫時，為了避免自己受到傷害，就會抱著必死的決心而奮力攻擊對方。總之，如果潛水伕不知道自己附近有黑紋裸胸鱔，而將腳伸到牠旁邊的話，就會遭受攻擊。對於黑紋裸胸鱔來說，那是保護自己的最後一個防衛手段，但平時牠是絕對不會隨便攻擊別人的。

如果要說是誰的錯，那麼應該說是那個突然將滿是泥巴的腳踏入過著平靜生活的黑紋裸胸鱔家中的潛水伕才對。

像這樣，動物們都擁有自己的勢力範圍（空間）。為了保護自己，會根據和對方的距離來決定要進行攻擊還是逃跑。在人類的生活裡，也同樣擁有以下兩種類型的領域。

①人性空間
②人性領域

「人性空間」是指自己周遭的空間。另一個是指在地理上固定的範圍，稱為「人性領域」。

哈日族注意——使用和語比較優美

所謂的「和語」，是指日本的國語中固有的語彙。換句話說，從日語中扣除掉漢語和外來語之後，剩下的就是「和語」。

以前ＮＨＫ曾經針對「優美詞彙」做過問卷調查。從這個調查結果來看可以發現，被認為是「優美詞彙」的852個字中，和語總共761個字、漢語82個字、外來語9個字，和語佔了大約90%。

另外，若從這852個字所表現出來的內容這一點來分析，可以分為「打招呼」、「色彩」、「季節」、「月亮的異名」、「地域等」、「自然現象」、「人際關係」、「花」、「枕詞」、「關於水的語彙」等等。

動物為了保護自己，
會根據和對方的距離來決定
要進行攻擊還是逃跑。

類似呼啦圈的人性空間

四種人性區域

許多東西都是在大流行之後馬上消失，呼啦圈也是。將塑膠製的大圈圈套在身上旋轉，如果有節奏的搖動身體，呼拉圈就不會掉下來，可以在身體的周圍旋轉。為什麼會提到這個呢？因為呼拉圈可以用來比喻人類的人性空間。雖然眼睛看不到，可是人在自己周圍都擁有一定的空間而生活著。

根據人類學者候爾的說法，人在自己的周遭擁有四種區域（人性空間），剛好可以透過呼拉圈以身體為中心，形成三種不同大小的距離這一點來思考。當他人進入自己的領域之後，會依照對象的不同來決定該讓他進入哪一個區域，進而採取適合各個領域的待人方式。

以下四個區域是按照由大至小的順序排列。

①**公共區域**……和對方距離三・三公尺以上的範圍

只要保持這種距離，就不會和對方產生任何私人關係，所以兩人的關係只是屬於公眾的一員而已。

②**社會區域**……三・三～一・二公尺的範圍

在這個距離內，兩人之間雖然會產生人際關係，但是在這個距離下無法看見對方細微的表情，所以這是在正式的人際關係中才會用到的區域。

③**待人區域**……一・二～〇・六公尺內的範圍

在這個距離內，兩人可以互相觸碰到對方，所以當對方和你擁有私人關係時，通常都是使用這個區域。

④親密區域……○．六公尺以內的範圍

可以如此接近的就只有戀人、家人等親密的人而已。這是個彼此都發自內心去接受對方的區域。

哈日族注意——貓喜歡老鼠嗎？

在貝原益軒於江戶時代所創作的書名為《日本譯名》的語源辭典中，記載了關於「貓」這個字的來源。

「ね是指老鼠，而こ是指喜歡。所以加起來就是『喜歡老鼠』。另外也有一種說法是，貓是常常睡覺的動物。所以貓的原意應該是指喜歡睡覺吧！」

從這個解釋就可以了解，貓之所以稱為貓，是因為「喜歡老鼠」或是「喜歡睡覺」的因素。

像這種有點牽強附會的解釋，被稱為「民間語源」。據說「一所懸命」變成「一生懸命」也是因為民間語源的關係。

電梯中的美國人

人性空間對應的美日差異

人都是在身體周遭擁有肉眼看不到的呼啦圈（人性空間）的情況下和別人接觸，只要在街頭稍微試驗一下，馬上就可以了解了。

和人距離三公尺以上，甚至十公尺（公共區域）時，即使你從遠處一直盯著對方看，他也不會有任何反應。但若是在兩、三尺的地方看（社會區域），對方就無法忽視這種情況，而會往你這邊看或是避開你的視線。

若在一公尺以內的地方注視陌生人（個人區域），對方應該會急急忙忙的撇開視線。如果對方轉移視線後不久又和你的視線交會，大概會表現出一副非常不愉快的表情。在個人區域中和陌生人四目交接時，確實會產生相當不愉快的感覺。

不過，在美國關於非言語行為的教科書上並沒有這樣的記載。在社會或是個人區域中與陌生人四目交接時，通常都不會忽視那個陌生人的存在，並且會微笑著向對方輕輕點頭、打招呼。的確，當美國人在電梯中視線和別人交會時，都會微笑。但在日本就不會有這種情形，甚至會表現出厭惡的表情。

當別人進入自己的個人區域時，不管是誰都無法忽視，但是，對此的反應卻隨著文化和社會背景的不同而有所不同。

一旦變得更親密，就會超越區域

心理上的距離及物理上的距離

關於戀人們感情進展的狀況如何，不需要直接詢問當事人，只要觀察他們一邊走路一邊說話的樣子，特別是兩人之間的距離就可以了解了。

就像人性空間中的四個區域一樣，人際關係的深淺可以透過兩人之間的距離表現出來。從兩個人通常都是用哪一種區域在交往，就可以了解他們的親密度如何。這意味著心理上的距離和物理上的距離是相互對應的。

初次見面的兩人，首先應該都是在社會區域的距離下說話的，談話的內容大多是比較正式、普通的事情。

但是若開始互相產生好感，原先社會區域的距離是無法滿足的，應該會更靠近一點說話。於是就會漸漸演變為彼此可接觸到對方身體的距離，也就是可以清楚看見對方的表情、了解情感的距離（個人區域）。這時，說話的內容應該就會涉及到彼此私人的事情。

如果是更私人、具有情感的話題，通常都會想小聲、隱密的說給對方聽。這時兩人就會靠近身體說話。而且不光是只有說話而已，還會透過手和身體上的接觸來傳達情感。如果演變到這種情況，兩人之間就已經進入可以感覺到對方呼吸的親密區域了。

區域的提升會讓彼此更親密

接近覺醒典型

彼此感情和情緒可以相互交流的男女會自然而然的靠近，變成互相依偎的戀人。的確，從外表上看起來，兩人的接近是非常自然的事。

但若以當事人的角度來看，雖然心理上已經靠近了，可是兩人之間的物理距離卻沒有自然的靠近。若是不毅然決然的接近，就無法進入到新的區域中。若無法進入到新的區域，心理上的距離和實際上的區域之間就會產生落差，而無法隨心所欲的溝通。結果，就會因此憂慮不安，連約會也殘留著許多不滿。

這樣的場合應該要怎麼做比較好呢？答案就是，要毅然決然的邁入新的區域。例如，當你和對方還處於社會區域交往時，如果想轉移到個人區域，在個人區域中交往時，就要直接跳到親密區域。

「突然做這種事，對方不會被嚇到嗎？」、「不會被討厭嗎？」我想應該有人會這麼擔心吧！事實的確如此，當突然改變區域時，對方應該會受到驚嚇。但是，就是這份驚訝才能讓對方改變心情。我們將其稱為「接近覺醒行動」。

之後，如果對方對你有好感，就會順利地或高高興興的進入新的區域。反之，若被對方討厭，那就表示他原本就沒有打算與你有更進一步的關係，所以應該沒有必要擔心。

有如外國風景般的夫婦

接觸、對人零距離

阿拉伯語系的人見到朋友時，會輪流碰觸對方的臉頰，並將身體靠近，藉此傳達見面的喜悅及彼此的親密。另外，俄羅斯人也是一樣，男性也會互相擁抱打招呼。

看到接觸頻率如此高的民族，連美國人也自認為是非接觸民族。但是，美國人也會公然做出非常大膽的接觸來作為對異性的愛情表現。在公共場所中很少有接觸表現的日本人，應該才可以說是非接觸民族。

但是，日本人最近也變得相當自由，可以說是變得更積極了。

例如，和朋友見面時握手已經是一種習慣了，但是在二、三十年前如果做出那樣的事，會被認為是「裝模作樣的人」。另外，漸漸有越來越多的年輕夫婦在公共場合中做出一些身體接觸來表現彼此的愛情。在公園的長凳上、電車中、遊樂園裡，幾乎一定會看到被認為是「外國風景」的夫婦之間熱情的接觸。

這應該可以說是因為在外國生活過的人急速增加，以及受到電視的影響，使得外國文化流入日本，導致日本人的行為模式急速改變。

對人零距離的身體接觸，是一種最能表現心理上也零距離，可以直接傳達親密性和愛情的非言語行為。另外，兩人的接觸不僅可以讓身體產生一體感，同時也可以在心理上帶來一體感及安心感。

日本年輕人是非接觸性人類？

身體接觸的美日比較

若以美國人身體接觸的經驗這一點來和日本人做比較調查，很明顯的，日本人是屬於非接觸民族。這個研究是利用接觸地圖來調查日本及美國的大學生們和父親、母親、同性朋友、異性朋友的身體接觸程度。

結果顯示，不管對象是父親、母親或朋友，日本年輕人在身體上的接觸遠比美國年輕人少很多。比較常接觸的就只有握手這種程度而已，而且只限於和朋友的接觸，若是和父親，連握手的接觸都沒有。其中特別引人注目的莫過於年輕男子在身體上的接觸非常少。

像這樣極少的身體接觸，在培養親密的人際關係上，很容易產生很大的弊病。因為藉由身體上的接觸來確認彼此的親密性之後，人在情緒上才會變得安心，可以信賴。

若從母子之間的親情來思考，我想這是很容易了解的事。母子之間的親情中最先存在的是擁抱，而不是語言。也就是說，若將孩子抱在胸前，讓他在母親的胸前睡覺，母子就會產生一體感。

事實上，這種母子身體上的接觸在日本相當多，因此，在此可以說日本人的母子關係擁有很強烈的羈絆。而在其他的人際關係上，應該也可以說是一樣的吧！

將一個月內所做的身體接觸畫成地圖

接觸地圖

請慢慢回想在這一個月內，你和朋友或同事在身體上做了哪些程度的接觸？握手、拍肩膀、勾肩搭背、擁抱等等。

下頁的插圖是傑拉特所設計的人體接觸地圖。請根據這個區分，分別以朋友、雙親、同事、戀人、上司、小孩等為對象，回想這一個月以來在身體上接觸了幾次，然後將最多的地方塗黑。

如此一來，就可以完成自己日常生活中的接觸地圖了。藉此可以發現我們雖然每天和許多人接觸，但是身體上的接觸卻非常少。若和別人的結果作比較，也可以了解自己的接觸傾向。傑拉特就是利用這個接觸地圖來調查美國年輕人和父親、母親、同性朋友、異性朋友之間的身體接觸以及接觸的地方。

結果顯示，不管是男性或是女性，和母親之間的接觸遠比和父親的多。特別是母親和女兒在頭和手腳上的接觸很多。另外，在朋友方面，和異性朋友的身體接觸較多，這應該可以說是因為和戀人的接觸很多的關係吧！若是同性朋友，男性同伴之間的接觸則比女性同伴還多。這就是日本年輕人不一樣的地方。

透過這種接觸地圖，接觸上的文化差異更為明顯。於是，我們可以清楚的知道誰接觸誰、接觸哪裡比較好，完全取決於個人文化的不同。

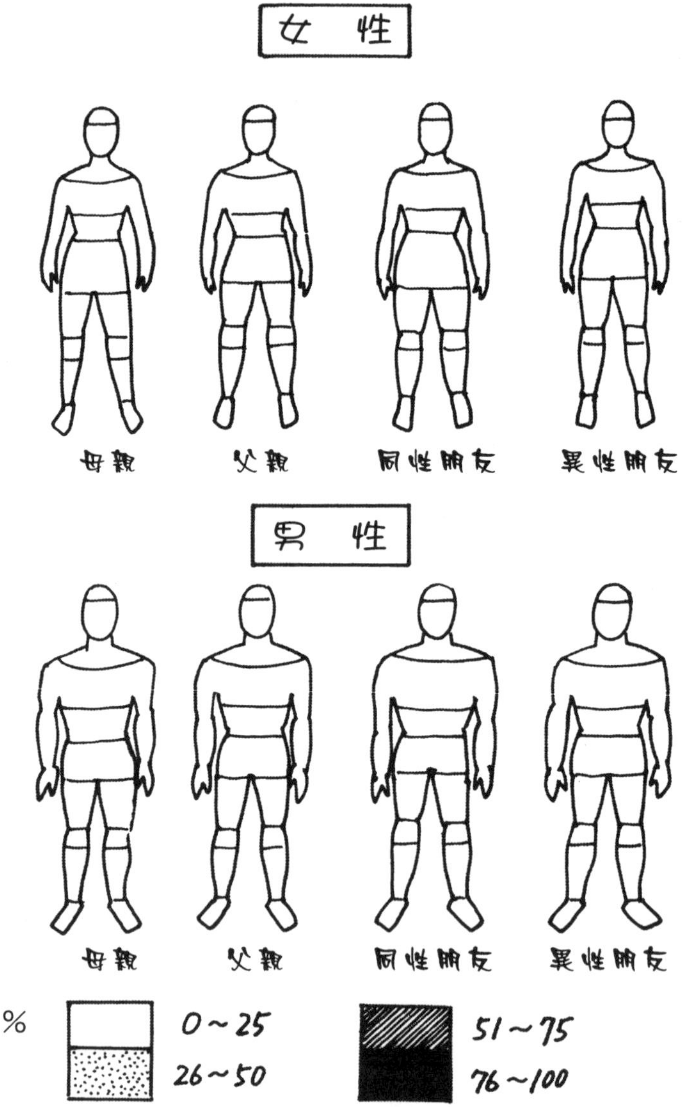
女 性
母親
父親
同性朋友
異性朋友
男 性
母親
父親
同性朋友
異性朋友
%
0～25
26～50
51～75
76～100

碰觸手指會產生好感

身體上的接觸及好感性

接觸在無意間會產生好感。身體上的接觸是好感的表現，若被輕輕的觸碰，可以感受到對方的好意。不只是因為在心理上知道自己被觸碰而察覺到對方的心意，同時也是因為身體被觸碰而在生理上產生興奮感，然後感受到好感。

有心理學者透過實驗證明了透過接觸這個動作，會在毫無意識下對對方產生好感。這個實驗是利用圖書館的管理員將書借給學生時來進行的。當圖書館管理員把學生要借的書遞過去時，若無其事地碰觸好幾個學生（雖是如此，但由於這是實驗，所以圖書館管理員可以很清楚的意識到），而那些學生們也都毫不在意與對方碰觸。

學生們在觸覺上雖然知道手和對方接觸，但是不認為這是含有意圖的行為，所以也就毫不在意的將書接過去然後離開。

不久後訪問這些學生。問了各式各樣的問題，其中有些問題是針對他們對圖書館及圖書館管理員的好感程度。結果，在女學生方面，將書接過來的時候有被碰觸到手的學生，比沒有被碰觸到的學生對圖書館及圖書館管理員擁有更大的好感。

因此可以說手的接觸在無意識下引起了情緒的反應。實驗證明，接觸可以創造出人際關係中的情緒基礎。

在機場別離的兩人的接觸

地位的上下及接觸

國際線的機場、渡輪的港口以及鐵路的終點站等等，這些交通工具的出發及到達的場所都是人們相遇和離別的場所。從以前開始，在歌曲裡就被當作是充滿喜悅和悲傷的場所。在這種相遇以及離別的場合中，常常可以看到相遇的人和分離的人做出許多身體上的接觸。

美國某心理學者在機場的入境大廳觀察搭飛機的旅客和送行者之間的身體接觸。結果發現，機場中大約有60％的人都會有一些身體接觸。接著，針對是誰主動觸碰誰這一點來做詳細的分析。結果，以男性碰觸女性及年長者碰觸年幼者的情形比較多。

似乎不是隨心所欲的互相碰觸對方。從這個調查中可以很明顯的發現，連接觸也擁有相當明確的社會規範。透過接觸來表達好感的同時，實際上所要表達的是自己的優越性及支配性，被守護的人通常都是被碰觸的人。

特別是在公共場所對於異性的碰觸，與其說是愛情，倒不如說是在表現對那個人的所有權。不久之前，工作上的性騷擾情況相當嚴重，而接觸上的性搔擾不只是男女之間的問題，同時也可以說與男女間的地位有相當密切的關係。

世界上各個都市的咖啡廳裡的戀人們

接觸的文化差異

在街上的咖啡廳裡喝著咖啡的戀人——這是在世界各個都市中經常可以看到的浪漫情景。但是，咖啡廳裡的戀人的行為卻因國家和街道的不同，而有相當大的差異。

位於巴黎香榭大道上的咖啡廳裡的兩人，完全不在乎別人的眼光，似乎快樂到故意將有如法國電影般熱情的約會表現給別人看。但是，越過多佛海峽到達倫敦，卻看不到那麼浪漫的情景。從這一點就可以知道，雖然同樣都是在歐洲，非言語行為卻不同。

某位心理學者在世界各國的咖啡廳裡一邊喝著咖啡，一邊調查約會中的情侶在一個小時之內有幾次身體接觸。結果發現，在英國的倫敦即使偷看情侶們一個小時，也沒有發現他們有任何的身體接觸。另外，在美國佛羅里達的街上，一小時內可以看到兩次接觸。

與其相較之下，在法國的巴黎發現有110次的接觸。另外，在波多黎各的街上則可以看到高達180次的接觸。

北美、北歐以及亞洲人接觸的次數較少，而南美、南歐以及阿拉伯人接觸的頻率較高。那麼日本的情況如何呢?下次請調查看看。我發現根據文化和社會的不同，人與人之間身體的接觸頻率也會有所不同。

互相喜歡的人會無意識的做出同樣的動作

身體一致性

在火車的包廂中，有一對男女面對面的坐在窗邊。只要一看那兩個人，馬上就可以知道他們是情侶或是毫無關係的人。

因為毫無關係的兩人的行為是各自獨立、完全依照自己的意識來行動的。而當有關係的兩人面對面時，從彼此的行為中一定可以看出同期性（一致性）。

一個人笑的話，另一個人也會跟著笑；一方抱著胳膊，對方也會抱著胳膊；一方伸出手，對方也會跟著伸出手；一方翹腳，對方也會跟著翹腳。兩人幾乎都是無意識的做出和對方相同的動作。我們將其稱為「身體的一致性」。

當你與人面對面說話時，請注意身體的一致性，然後觀察自己的行為和對方的行為。在某種含意之下，會不知不覺地做出與對方相同的事。

如果意識到這種情形，或許會感到討厭，甚至變得很奇怪，但是這個一致性會在雙方毫無意識的情況下，讓兩人的關係進展得更順利。講話後發覺彼此很合的來，都是因為身體的同期性所造成的。

因此，當人際關係無法順利進行時，蓄意充分利用這個一致性也是一種方法。也就是說，在說話時試著故意模仿對方的行為，並做出一樣的動作。或許說話的氣氛多少都會有些改變。

依據目的的不同，兩人會有許多不同的坐法

桌子旁的坐法

中午的午餐時間，街上的餐廳總是擠滿了人。這時如果自己一個人進去，店方大多都會請你和別人併桌。

如果是像吧台一樣橫著坐一排的話，還不會介意，但若是和陌生人面對面坐在小桌子旁的話，心裡總是有點不舒服。如果餐點來了那還好，但是在餐點來之前的那段時間勢必會感到非常無聊。

從這件事就可以發現，連單純吃個飯都還要注重適當的坐法，以及空間利用的方法。最近茶坊和餐廳中都擺著大型的桌子，一個人獨自使用時的確非常舒適。使用這種桌子不僅不會和隔壁的人面對面，而且對面的人也離得很遠，處於社會區域中，而擺在桌子中間的花瓶還可以遮住對方的視線。

當兩人坐在同一桌時，根據兩人的目的，會採取不同的坐法。實驗社會心理學者R．索瑪在長方形桌子比較長的一邊擺上兩張椅子，在比較短的一邊擺上一張椅子。然後調查人們在這種情況下會採取什麼樣的坐法。

實驗結果發現，說話時會面對面坐著，或是坐在桌角旁邊；一起工作時會坐在同一邊；當互相競爭的工作時會採取面對面的坐法。

由此可知，依據各人目的的不同，會有各種坐法。

只看得見戀人及海的咖啡廳

有助於人際關係發展的空間配置

在看得到美麗夜景的咖啡廳中，戀人們的座位都是面向外面的兩人座。不管店裡發生什麼事，兩人的眼中只看得到對方及夜景。讓戀人們沈浸在兩人世界中，這對情侶而言，可說是最棒的空間設計。對於非常親密的兩人來說，與其隔著一張桌子保持個人區域，會比較希望拉近距離，可以自然的碰觸到對方。

這種空間設計有助於提升兩人之間的氣氛，讓戀人們可互相依偎的坐在一起。隨著人際關係的不同，想要的空間配置也有所不同。相反的，空間配置有時也可以促進人際關係的發展。

例如，當你出外旅行和三個陌生人一起坐在列車的包廂式座位中時，不會比較容易聊天、變得更熟悉嗎?另一方面，若是像一般的火車一樣，座位都是朝同一個方向，即使坐好幾個小時也不會和隔壁的人說話。若是像歐洲列車那種包廂式的座位，通常會將對方視為朋友，彼此的交談也會越來越熱烈。

像這樣，空間有時也會創造出人際關係。即使在同一班列車上，也有讓人感到親切的空間設計。如果能善加利用這一點，或許能有助於人際關係的發展。

不管大人還是小孩，都是在外一條蟲，在家一條龍

家是基本領域

在學校是個膽小鬼，但是一回到家馬上就變得非常頑皮的孩子，通常都被稱為「在外一條蟲，在家一條龍」。但不管是什麼樣的小孩，或多或少都會有這種傾向。那麼，大人呢？有些人在公司裡是個唯唯諾諾的上班族，但是一回到家裡，馬上就變身為嘴巴只會講「洗澡、吃飯、睡覺」的大男人主義者。

不管對誰來說，家不僅可以讓自己開心，也是可以隨心所欲的場所。會有這種心態不只是因為在社會上扮演這種角色，對於我們自身而言，家是基本領域。這與動物擁有自己支配的勢力範圍是一樣的，人類同樣也擁有自己的領域，而家就是基本領域。因此，不管是大人還是小孩，只要一回到家，馬上就會產生自己是主人，想要支配一切的心態。

如果這個基本領域受到侵犯，就會本能的產生防衛心態。環境心理學者阿爾特曼將人類的領域行為分成以下三點。

①基本領域（自己家庭的永遠佔有）

②衍生性領域（所屬學校或公司的長期佔有）

③公共領域（公共場所的短期佔有）

①是指對於認為自己擁有永久佔有權的領域所採取的行動。由於認為自己對於這個領域裡所有的事物擁有絕對的佔有權及支配權，所以會隨心所欲的做想做的事情，當別人侵入時，也會產生激烈的反抗。關於②和③，請參考後面的敘述。

自己的桌上出現別人的東西時會感到討厭

衍生性領域

早上一到公司，往自己桌上一看，發現上面放著隔壁同事的文件。這時，在同情隔壁的同事昨天加班加得非常辛苦的同時，是否也會因為自己的桌子被擅自使用、被侵佔而感到生氣呢？

學校或是公司裡自己所使用的桌子或置物櫃，本來就不是自己的東西。但是，當自己的桌上無端端放著別人的東西，或是置物櫃被別人任意使用時，不管是誰，都會相當生氣。

因為桌子和置物櫃是自己的領域。像桌子、置物櫃這些半永久、長期被個人佔有的場所，稱為「衍生性領域」。當這個衍生性領域被侵犯時，也會和基本領域被侵犯時一樣，產生本能的反抗。

值得注意的是，即使是看起來相當老實、不具攻擊性的人，當自己的領域被侵害時，也會做出相當大的反彈。那是因為對於領域被侵犯所做出的反應是屬於防衛反應，內向的人雖然不會向外攻擊，但是想要保衛自己世界的心態也會非常激烈。

「那傢伙很老實，應該沒關係吧！」認為沒什麼大不了而毫不在意的侵犯他人領域的話，對方內心一定會充滿著對你的憎恨，難保他不會對你做出什麼事，還是注意一下比較好。

放上私人物品就可以確保場所

公共領域行為

當你在圖書館看書時，若是想離開座位一下，你會怎麼做？當然，放上自己的背包應該就可以確保住位子了。但是，這樣做還是不夠。將書攤開放在桌上，然後在書的中間放上鉛筆，多少會讓人感覺到這個位置有人正在使用。另外，如果放上鉛筆盒或尺等比較私人的東西，更可以傳達「使用中」這個訊息，別人應該就不會把這個位置佔走了。

在美國的某個研究中發現，吃到一半的蘋果或是三明治等私人物品，比書更擁有佔有的效果。但是，在一般的圖書館裡應該不能一邊吃蘋果一邊看書吧！而那些用來佔位子的書、鉛筆盒、蘋果等小道具被稱作是「領域記號」。

為了迅速找到這個領域記號，試著進入街上的柏青哥，應該會發現有許多人為了確保自己正在使用的彈珠台，會放上香菸、打火機、罐裝咖啡等，當作是一種領域記號。

像這種私人物品暫時佔有公共場所的行為，稱為公共領域行為。另一方面，當我們在尋找座位時，如果看到上面有私人物品，就知道這個位置已經有人佔走了，因此不會去侵犯。例如，火車非常擁擠的時候，有人就會搶先進入車廂中，然後將行李一個個的放在座位上佔位子。雖然會感到非常驚訝，卻沒有勇氣將行李推開。那是因為我們都被領域感覺所束縛著。

第三章

與人順利交談的方法

男人也會邊聊天邊喝酒

會話在人際關係中的重要性

人際關係是好是壞，主要取決於兩人之間的溝通，而溝通的中心就在於語言所產生出來的會話。

眼神交流和接觸等這些非言語的身體訊息當然很重要，但如果只是互相凝視，是無法產生人際關係的。另外，如果突然去觸碰別人，會被當作是色情狂。人際關係是根據兩人見面之後所做的語言交流而展開的。在人際關係進展的過程中，我們會從對對方的印象和言行來思考此人的性格，然後考慮是否要跟他交往。但實際上，和對方的人際關係大多都是建立在語言交流，也就是語言溝通上。

雖說男性默默喝著酒可以加深彼此的友情，但是第一次一起去喝酒時，如果對方什麼話都不說，只是一味的喝著酒，那麼雙方的友情是不會加深的。如果不說話，就無法了解對方。如果不了解對方，友情就不會加深。

透過語言交流，溝通才能成立，而會話產生之後，才能孕育人際關係。所以，兩人可以毫無顧忌地說話的時間長短，變成了判斷友情或愛情等兩人間親密程度的標準。

有一個研究是調查戀人們對於彼此關係的滿足度。結果顯示，兩人之間的溝通頻率、對於戀愛關係的滿足度是非常重要的。

從會話中可以得到性的滿足

性和會話

在夫妻、戀人、愛人之間應該有相當多的人對性問題感到煩惱，例如性生活無法滿足。這種事是很難跟別人討論的，因此會一個人獨自煩惱著該怎麼做比較好。雖然知道這是非常重要的問題，但是不僅煩惱的人對於這種問題難以啟口，連在心理學上要做實驗也很困難，因此往往延誤了原因的追究。

在這種情況下，美國某些心理學者聚集了一些自願者，讓他們在實驗室中做愛，然後觀察他們的性行為及在心理上產生的效果，並透過訪問來進行調查。

結果顯示，要讓自己和對方在性方面得到滿足，不光只是針對性慾而已，建築在兩人關係上的溝通也扮演著非常重要的角色。也就是說，為了得到性滿足，不僅彼此要能夠坦白、公開談論兩人的性愛而在性愛本身帶來滿足感而已，連兩人如何談論性愛以外的話題也和性滿足有很深厚的關係。

這個實驗證明了愛情就是會話，經常聊天可以孕育出包含性愛的愛情。為了和戀人之間的性問題而煩惱的人，不要一個人背負著煩惱，和戀人商量的話會比較快解決。

「你才是」的互相責備

處不好的兩人的會話

彼此處不來的人是如何溝通的?為了創造更好的人際關係，這是必須要知道的。感情好的夫婦與相處不融洽的夫婦，他們之間的對話到底有什麼不同呢?有一個研究針對兩者的溝通方式來做比較。不僅是對夫妻而已，對於像家族般長期相處的日本公司內的人際關係的理解，也有相當大的幫助。讓我們從以下幾點來看這次研究的結果。

①溝通的意圖

兩人的感情再怎麼不好，也不太會做出故意陷害對方、惹對方生氣的溝通方式。

②否定的衝突性溝通

處不好的兩人在對話時，會互相說出打擊對方的話的頻率很高。

③互相責備的溝通

處不好的兩人會互相責備對方，常常發出抱怨。例如，「你才常常晚歸」、「你才有邊走邊玩的壞習慣」，然後開始互相責備對方，這時並不會說出認同對方優點的話。另一方面，感情好的兩人在說出對對方的不滿後，也會說出認同對方優點的話。

④勝負的溝通

處不好的兩人意見不合時，溝通只是為了分出勝負而已。另一方面，感情好的兩人意見不合時，溝通是為了在各自的意見中找出平衡點來解決問題。

⑤惡意的心靈解讀

當雙方正在以語言交流的同時，也會互相解讀對方對自己說出這種話的心態。我們將解讀對方言行深處中的心理行為稱為心靈解讀。處不好的兩人在解讀對方的心理時，通常會有很強烈的惡意讀取傾向。

另一方面，感情好的兩人互相誠摯地讀取對方心意的傾向很強。因此，感情不好的兩人關係就會漸漸惡化，而感情好的兩人關係就會越來越好。

⑥陷入高層次溝通

所謂高層次溝通，是指針對溝通的溝通。例如，「為什麼要那麼講？」或是「我聽不懂你的話」等等。感情好的兩人有時也會進行高層次溝通，但是馬上就會跳離那個話題，進入平常的對話。感情不好的兩人一旦進入高層次溝通時，通常就無法從中跳脫、回復到平常的對話。

⑦自我總結的溝通

那是指自己將自己所說過的話整理一遍，然後再重複說同樣事情的說話方式。這樣一來，溝通就失去意義了。

請仔細聽我講話

自我總結的溝通

有些人會自己歸納自己所說過的話，這就是自我歸納溝通，也就是自我總結溝通，如此會話是無法成立的。但是當你遇到討厭的人或是在生對方的氣時，往往一不小心就會做出這種自我歸納溝通。事實上，會這麼做的人也大有人在。

那麼，要怎麼做才能停止這種「無法溝通的溝通方式」呢？首先，最重要的就是在兩人關係惡化前，就要拔除問題的根源。因此，只要好好聆聽對方所說的話就可以了。但是看似簡單，實際要去做卻是一件非常困難的事。

人際關係惡化的最大原因就是，沒有正確接收對方所說的話。如果不聽對方說話，就無法了解他的立場。當你感覺到對方沒有仔細聆聽你所說的話時，就會感受到這是關係惡化的前兆。因此，我認為「請仔細聽我講話」這句話是個黃色信號，也就是要你去聆聽對方說話的意思。

而第二個原因是不了解對方的立場。雖然說要了解對方的立場，但不是要你去同意對方的看法，而是要確認對方和你意見不同之處，然後去認同對方的想法及立場，之後再開始與對方爭論。我想這樣子的溝通才能讓雙方互相了解，並且可以促進人際關係的發展。

自我總結溝通的八個實例

自我歸納傾向

在這裡舉出八個與討厭的人或關係不好的人談話時，容易產生的自我總結溝通的例子。請注意不要產生這種情形。

①不聽對方說話的傾向——互相不聽對方說話。常常會出現以下這種對話：「你有在聽我講話嗎？沒有在聽吧！」

②不站在對方立場的傾向——常常會出現以下這種對話：「你有考慮過我的立場嗎？」

③不按照對方所說的去做的傾向——會出現以下這種對話：「你從沒照我所說的去做。」

④會發出一連串問題的傾向——一個問題還沒解決，就接二連三的向對方說出自己的不滿。

⑤會回答「對，但是……」的傾向——不管對方問什麼，一定會回答：「這樣沒錯，可是……」

互相責備的傾向——會互相抱怨對對方的不滿。

⑦打斷別人說話的傾向——即使對方在說話，也完全不在意會不會打斷對方，擅自說出自己的意見。

⑧說話常會感情用事的傾向——慾望無法滿足時，就會發洩自己的情緒。

吵架會使人際關係變好

好的爭吵的解決方法

某位美國學者曾說過：「吵一架會比較好。」當兩人意見對立時，最好的解決方法就是吵架。那位學者提出當兩人對立時，有以下三種解決方法。

①好的爭吵（good fight）
②壞的爭吵（bad fight）
③避開爭吵

②所指的壞的爭吵會破壞兩人的關係，而③所指的避開爭吵會讓人際關係變得表面化，無法讓彼此更親近。這樣一來，只剩下①所指的好的爭吵了。

不過，有所謂「好的爭吵」嗎？對於一吵架就可能會影響一輩子的人際關係的日本人來說，多少都會產生這種疑問。但是，從學者的角度來看，要讓彼此的關係更好，唯一的辦法就是吵架。

那麼，所謂「好的爭吵」是指什麼樣的爭吵呢？首先，最基本的是聽對方說話、站在對方的立場，以及兩人要持續擁有共同意識。有了這些基礎以後，決定爭吵的規則，然後再依照規則公平的爭吵。

但是，在做這種爭吵時，要避免傷害對方的這種想法是錯誤的。正面、直接的爭吵才能使問題浮現。透過這樣的爭吵，不僅可以了解對方和自己，也可以讓兩人的關係有實質的發展。

決定好感的非言語公式

表情、聲音、語言之間的關係公式

如果有人一邊大笑，一邊告訴你：「我喜歡你，我真的好喜歡你。」應該沒有人會接受吧！或許那個人是想掩飾自己害羞的情緒，但是大笑的聲音以及表情都降低了話的可信度。

在向人表達好感或是在對人態度的溝通上，非言語行為比語言擁有更大的影響力。非言語研究者瑪拉畢安針對這種關係做了許多實驗，然後從中整理出以下的關係公式。

被接受的待人態度＝（0.07×語言）＋（0.38×聲音）＋（0.55×臉部表情）

亦即當人在和別人說話時，對方對自己的好感及態度（對自己有什麼感想的這種情感）並不是以對方說話的內容，而是以說話時的表情來決定的。在決定對方是否對你產生好感上，說話的內容只佔了0.07的分量而已。

這個數字很驚人吧！

擁有最大影響力的是表情。表情佔了0.55的分量，擁有了一半以上的影響力。但是，在這裡要特別注意的是，和語言所佔分量相較之下，聲音佔了0.38，僅次於表情。當你考慮到人際關係時，在說話的同時不僅要注意說話的內容，也必須要注意說話的方式。

說話的聲音會傳達心意

超語言訊息

當關東人聽到關西腔時，雖然說的是同樣的話，但聽起來總是會覺得比較溫和。相反的，當關西人聽到關東腔時，會覺得比較生硬、粗魯。

語言是透過人的聲音來傳達的。聲音是一種音波，在說話的同時，會從耳朵經由聽覺器官傳達到大腦。語音可以傳達語言中所帶有的含意，而聲音本身可以傳達說話者的性格及情緒。

使用語言時，附著在說話內容以外的訊息稱為「超語言訊息」。在人際關係上，這種非言語訊息可以傳達比說話內容更重要的情報。

超語言訊息中包括了以下三種類型的訊息。

①關於說話內容的訊息

談話之間說話的拍子、速度、韻律、音調，以及音量等訊息。

②關於說話者個人特性的超語言訊息

這種訊息是指說話者所在的地方、民族，或是說話者特有的說話方式、重音、音質以及固有的音量等等。

③聲音本身的超語言訊息

這類的訊息指的是哭聲、打哈欠、叫聲、口哨以及笑聲等等。

和別人說話時，要注意以上這幾點。

請以高興的心情來唸ＡＢＣ

語音的情感表達

試著用生氣的情緒將英文字母從A唸到Z，接著再用高興的情緒唸一次。然後詢問朋友，讓他猜猜看你剛才是以什麼樣的情感在說話。

雖說語言以外的超語言可以傳達感情，但平常講話時，語言和語音都是一起出現的。若除去說話的內容，光利用語音到底能傳達多少情感呢？這必須要花很大的功夫才能得知。那就是不要在意說話的內容，只要傳達聲音就可以了。

最簡單的例子是，像文章開頭一樣，在唸英文字母時放入某些情緒（數字或注音也可以），然後看看是否能夠成功的傳達這些情緒。

詢問朋友馬上就可以知道，憤怒及喜悅可以透過說話方式正確的傳達給對方知道。最近常在電車上看到一群外國人聚在一起講話，而這些外國人都來自不同的國家，所以使用的語言也非常多。這種時候雖然我聽不懂那些外國人在說什麼，但是從他們的聲音就可以知道他們是在抱怨自己的不滿，或是快樂的沈浸在他們的會話中。透過聲音，可以傳達他們談話的氣氛。

從剛剛的英文字母實驗中可以發現，透過語音所傳達出來的情感中，包括容易傳達的情感及不容易傳達的情感。其中最容易傳達的是憤怒，如果大聲怒吼，就會傳達出憤怒。另外，喜悅、悲傷、神經過敏等也可以簡單的透過聲音來傳達，但是嫉妒、驕傲、愛以及恐懼等，就比較難透過聲音來表達了。

根據電子合成樂器所做的音響心理學研究

音質及感情傳遞

電子合成樂器可說在音樂的世界中創造了一個新的領域，不管是什麼樣的聲音，電子合成樂器都可以辦到，讓人產生一種「未來感」。

根據電子合成樂器可以自由創造出各種聲音這一點，音響學的研究也跟著突飛猛進。另外，調查聲音和心理之間關係的音響心理學也受到了很大的影響。為了調查聲音在心理學上會產生什麼樣的效果，以往都是在實際的會話中放入雜音，讓對話中的兩人無法聽清楚對方在說什麼，然後進行研究。但是有了電子合成樂器後，就不用那麼麻煩了。

也就是說，利用電子合成樂器創造出一連串仿造人們對話的聲音就可以了。然而，最具有劃時代性意義的是，可以自由、正確的改變仿造出來的會話的拍子、音量、音調等音質。透過有計畫的改變聲音，可以讓我們明確的了解哪一種音質會帶來什麼樣的心理效果。

音響心理學者利用電子合成樂器有計畫地改變音調變化（聲音的高低變化）、音調的標準、音量大小的變化、音量的標準以及拍子等這五種音質，然後調查每一種音質可以傳達出什麼樣的情感。結果發現，在感情傳達上最具有影響力的是音調變化及拍子。例如，拍子慢且音調沒有變化的聲音，會傳達悲傷或討厭等消極的情感，而拍子快、音調變化多的聲音，則會傳達喜悅、活潑等積極的情感。

藉由聲音可以揭穿謊言

聲音型態的光譜分析

身體一不舒服，往往聲音就會變小、說話方式也變得單調。這時，感覺敏銳的人就會問你：「看起來很沒精神耶！怎麼了？」

或許說話時的聲音等這些超語言，比表情等這種非言語行為更能正確的傳達說話者的心理狀態。

最近非常盛行從表情就可以發現謊言的表情探知研究。但是根據某位聲音心理學家的研究，在揭穿謊言這方面，聲音比表情擁有更大的效果。聲音型態的光譜分析已有所進展，並開發出透過聲音就可以分辨出謊言的測謊器。

聲音可以傳達出內心的興奮狀態及不安狀態。當身體好的時候，會比較愛說話，而且說話的音調比較高。另外，平常和親近的人說話時，絕對不會結巴，但是在陌生人面前說話時，就會不知不覺的結巴，那是因為內心感到不安及緊張才會講話結巴。

從另一方面來看，講話時會結巴、變調，就表示對方正感到不安及緊張。

說話方法的訓練

超語言的效果

有力、低沈的聲音會將說話者的自信及穩重傳達給聽者。在演講會上，擁有這種聲音的人只要一開始說話，會場馬上就會變得很安靜，聽眾都會被迷住，專心的聽演講。另一方面，即使演講的內容再好，如果演講者講話很快，聲音又很高，而且說話反反覆覆，不僅信賴度會減低，連聽眾也會不想聽。

另外，要讓酒精中毒病患不喝酒，完全仰賴醫師的說服力。在某間酒精中毒病患的治療診所中，針對醫師的音質和病患的治療之間的關係做了調查。結果顯示，兩者的關係相當密切。根據醫師音質的不同，有些病患會受到鼓勵，而有些病患則不會。

從這個例子我們可以知道，將說話視為工作的人，必須要非常注意自己的說話方式。

音質是無法改變的，但是發聲的方式、速度、音量以及中間停頓的方法等，只要稍加注意或是訓練一下，就可以改變。所謂社會的第三次產業化、情報化，應該是指現在有越來越多人將溝通視為自己的工作內容。如此一來，包含說話方式的超語言訓練就變得相當必要且重要了。

性別超語言

女性用語及男性用語

如果在電車中聽到一群穿著制服的女高中生的說話內容時，你一定會覺得那些女孩子的遣詞用字非常粗魯。但是仔細一想，你會發現她們並不是說話粗魯，而是使用男性用語。從超語言的角度來看，她們表現出來的並不是女性化，而是中性。

那麼，那些女孩子已經完全不會使用女性用語了嗎？其實不然，當她們在正式場合時，會很有禮貌的使用女性用語，當她們和男朋友在一起時，講話就會一副很純情的樣子。

那些女孩子是很機靈的。她們會分辨TPO（Time, Place, Occation），靈活運用超語言的技巧，藉以表現自我。

《女高中生的自我表現》
妳在搞什麼鬼？
我喜歡的就是充滿野性的眼睛

從講話方式就可以了解教養及地位

超語言的應用

法國人，尤其是巴黎人對於自己的語言是世界上最棒的語言這一點相當自負。我曾經聽說過法國母親在孩子的管教上最注重的是，孩子們是否能說一口漂亮的法語。的確，透過一個人的講話方式，我們大致上可以了解他成長的環境和家庭狀況，而且根據他講話的重音，也可以知道他所生長的地方。

超語言可以傳達說話者當時的心理狀態及情感，而講話方式可以傳達說話者的成長環境及人生。

像教師、醫師、警察等習慣使用命令口氣說話的人，以及像推銷員一樣嘴巴很甜的人等，透過說話的方式可以傳達出他們的職業。

此外，說話方式也可以傳達出說話者的社會地位。透過讓聽者推測說話者的社會地位的實驗，發現推測出來的通常和說話者實際的社會地位相差不遠。

再者，當老師在打成績時，除了實際考試的分數以外，學生的說話方式也具有很大的影響力。在商業社會中，一個人的說話方式一定遠比在學校時重要。

在你思考要說什麼的同時，必須要注意自己的說話方式。

透過聲音型態可以了解性格

透過聲音型態所做的性格分析

一個人說話的方式和他的性格息息相關。某位心理學者針對精神病患者的聲音型態作光譜分析，結果發現精神病患和聲音型態之間擁有以下四種關係。

①尖銳的聲音

尖銳的聲音是一種經常在患有神經病的人身上聽到的聲音型態。這樣的人容易生氣、比較孩子氣、興奮異常。

②平穩的聲音

平穩的聲音是一種經常在壓抑自己、依賴心重的人身上聽到的聲音型態。

③無力的聲音

無力的聲音是一種經常在神經衰弱的人身上聽到的聲音型態。

④充滿自信的響亮聲音

像這樣的聲音是一種經常在健康、容易適應環境的人身上聽到的聲音型態。

根據聲音及影像所做的溝通

對人的溝通頻道

人際關係是指人與人之間的關係，而建立起人與人之間關係的是溝通。對於過著集體生活的人和動物來講，個體之間的聯繫關係著本身的生存與否。透過聲音、影像、味道以及接觸，可以彼此交換情報。

蜜蜂會經由彼此的接觸來告訴對方蜂蜜的所在地，這讓我們體會到集體生活中溝通手段的發達及必要性。狗會在自己的領域裡撒尿，讓別的狗知道這是他的地盤。不同的動物會透過不同的方法來進行溝通。

人類是以聲音和影像作為溝通手段的重心。聲音指的是口語以及音樂，而影像則是指文字、記號、圖以及肢體動作等等。在直接面對面的狀況下，由聲音所形成的溝通，也就是使用語言來說話成為情報傳達及交換的重心。在做遠距離溝通時，完全都是採用寫信等書面上的方法，和直接面對面時所使用的方法不同。但是，最近隨著電話的發達，即使住在外國，也可以進行聲音的溝通。

暫且不管商場上的情形如何，在私人的人際關係中透過文字來進行的溝通正快速的減少中。我非常懷念以前有一種幫人代寫情書的打工。我們擁有聲音和文字這兩種溝通頻道。但令人遺憾的是，傳達情報的手段只剩下一種而已。而傳真機的普遍不知是否代表著文字傳送的復興。

會話型溝通的分解

溝通的四個要素

溝通有以下四個基本要素。

①溝通的發送者
②溝通的接收者
③溝通的內容（訊息）
④溝通的手段（頻道）

請設想一個兩人正在談話的情景，然後思考這四個要素。所謂的溝通發送者，就是指說話的人，也就是情報的來源。發送者想傳達給接收者的情報，就是所謂的溝通內容（訊息）。而溝通內容是透過溝通手段（頻道）來傳遞的。這裡所使用的頻道就是聲音。為了讓訊息能夠透過這個頻道傳送出去，於是將聲音符號化（編碼），然後在使用語言時從嘴巴將聲音符號傳遞出去。透過音波將訊息傳送出去，而接收者利用聽覺系統來接收這個訊息，然後再傳到大腦。接收者將傳送到大腦的情報解碼後，就可以了解這個訊息的內容為何了。

一連串的溝通到此結束。在溝通的過程中若出現了正在傳送的訊息以外的聲音時，就無法順利讀取訊息。這種妨害因素稱為「噪音」。

接下來，還是以兩人對話的情景來思考。當聽者接收到對方傳達出來的訊息時會有所回應，而這個回應也同樣要經過溝通過程，才能順利的傳達給對方。會話是透過這種雙向溝通來進行的。

不是老師的老師們

尊稱及人際關係

當你和別人見面時，最先脫口而出的就是對對方的稱謂，而這個稱呼方法就成為最初的語言交流了。如何稱呼對方可以決定兩人之間的人際關係。

因為對方通常都會透過我們對他的稱呼來判斷自己受到多大的重視。當你被身分比你低的人直呼姓名時，心中一定會產生疑問，那個人到底把我當成什麼了？或者也有人會覺得對方是個傲慢的傢伙而感到生氣吧！

在日語裡，為了表達敬意，通常都以「××先生」來稱呼對方。最近，對於那些關係不太密切但地位高的人，即使彼此之間不是師生關係，我們也常常會稱呼他們為老師。

另外，在商場那些正式的場合裡，我們通常會以對方的職位來稱呼對方，亦即「部長」、「課長」的稱呼方式。

稱呼的尊敬與否，可以表現出兩人的人際關係。上司也會透過下屬對自己的稱呼來判斷自己是否受到部下們的尊敬。有相當多的年輕人覺得這種想法很落伍，但是過了幾年，當他們的身分地位提升的時候，就會覺得現在的年輕人都不懂得尊敬長輩。

在那種像公司一樣上下關係分明的場合裡，要非常注意稱謂的使用方法。

只有「你」的第二人稱代名詞

人稱的文化差異

當你在美國見到地位崇高的教授時，雖然會非常高興，但是卻會因為不知道該使用什麼樣的稱呼方式而感到不知所措。但是，教授卻馬上以名字互相稱呼對方。

這是表示親近的美國式稱呼方式，但對於從不直接以名字來稱呼親戚以外的人的日本人來說，會覺得非常奇怪。

但是，最令人感到雙方文化不同的，是在使用第二人稱代名詞來稱呼對方的時候。在面對教授時，如果用「you」來稱呼他，好像有種不尊重的感覺，而對沒有更加尊敬的稱謂感到非常困擾。

不光只是稱謂方面的問題，對於和長輩講話時習慣使用敬語的日本人來說，直接講出想講的話是非常魯莽、不禮貌的事。這是因為在人際關係中所使用的措辭方面的文化不同，所以教授的這種說話方式應該沒有其他的意思，他反而會因為不知道我們的困擾而感到疑惑也說不定。

透過語言的使用方法，我們可以傳達出自己對於這個地方以及人際關係的看法。日語在這一方面的表達就比較充實，可以充分利用不同的第二人稱代名詞來增進彼此間的關係。

敬語是封建時代所遺留下來的？

人際關係及遣詞用字

以下三點是語言的使用方法影響人際關係的主要因素。

①上下關係

②親密性

③時間、狀況、場所

在正式的公開場合中，當你第一次遇到地位崇高的人時，措辭會更正式、更有禮貌。另一方面，和最親近的下屬到酒吧喝酒時，說話應該會比較無拘無束。

根據一個文化和社會在人際關係上重視的地方不同，會產生不同的用語。

在中世紀封建時代，歐洲在上下關係中的遣詞用字也區分得非常清楚。地位高的人跟地位低的人講話時，會用非正式的詞語，而地位低的人和地位高的人說話時，就要使用正式的詞語。另外，同樣都是地位高的人談話時，會用正式的詞彙；而同樣都是地位低的人，談話時自然就會使用非正式語言。但是產業革命以後，已經沒有上下關係的區別了，完全是以關係親不親密來作為遣詞用字的中心基準。

歐洲的語言，例如德語、法語、義大利語等，都擁有一種關係變親密時所使用的第二人稱代名詞。在德國，只要兩個人在小酒館裡稍微聊一下天，就會使用親密的第二人稱代名詞。

在日本社會裡，上下關係中所使用的敬語或許已經過時了。但現在的日本年輕人也擁有強烈的上下意識。在日本的人際關係中，敬語的使用方法仍舊相當重要。

哈日族注意──「です」是妓女的用語

從少女時代開始，為了能夠長時間在妓院堅強的生活下去，妓女們之間就產生了一些與一般社會上的用語不同的字彙。

例如，「ありんす」、「おます」、「わつち」、「ぬし」等，都是當時妓女的用語。相信應該有許多讀者曾經在小說或電影上看過或聽過這些字吧！

另外，現在經常被一般人所使用的「です」等，原本也是妓女的用語，不過現在已經一般化了。

《根據一個文化和社會在人際關係上重視的地方不同，會產生不同的用語》
非正式語言
正式語言

直呼部長名字的人

社會語言學的敬語分析

「敝姓齊藤，請問藤本部長在嗎？」

打電話給學生時代的朋友時，得到的卻是祕書冷冷的回答：「部長正在開會，請問有何貴幹？」

之後再打一次，「藤本在嗎？我是齊藤，叫他來聽一下電話。」然後，「是的，我了解了。請您稍等一下，我馬上把電話轉過去。」這次電話馬上就接通了。

在一般人的常識裡，由於講電話時看不到對方，所以講話時要盡可能禮貌一點。但是從這個例子來看，講話粗魯一點有時反而會比較有效。

由此可以看出語言的使用方法可以直接表現出兩人之間的關係，以及日本的商業界非常重視的上下關係。祕書心想：「直呼部長名字的人，地位想必一定比部長還高，不趕快叫部長來聽電話不行。」

在重視對等關係的社會裡，如果有一方低下頭，另一方也會跟著低下頭。但是在重視上下關係的社會裡，通常都是如果有一方把頭抬高，另一方就會低下頭；或者一方低下頭，另一方就抬起頭。

日本社會是非常重視敬語的。但是，有時不使用敬語反而才能讓人際關係更為明顯。這就是語言使用的重點。

讓會話順利進行的四個心得

會話的基本規則

會話是有規則的。在進行談話的兩人之間存在著一種不需要語言就可以了解的基本事項。如果不遵守這個基本事項，對話就無法順利進行。另外，也會因為不愉快而使得人際關係無法順利展開。

那麼，進行會話時所必須遵守的基本事項到底是什麼呢？讓我舉幾個例子來說明吧！

①話題要和兩人都有關係

如果各自都說一些無關緊要的事情，對話就無法成立，而且和對方毫無關係的話題並不是適當的話題。請說一些和對方所說的話有關聯，以及和對方本身有關的話題。如此一來，話題就會更加契合，兩人談話的興致也會更高。

②輪流說話

如果光是一個人在講話，是無法形成會話的。請輪流說話，這樣會話才能夠成立。當你覺得自己說太多時，可以暫時停下來聽對方說話。

③相互理解的說話

會話是為了要加深人際關係而存在的。如果表現出一副盛氣凌人的樣子，是無法產生會話的。會話就是要了解對方的意見及立場，並且讓對方了解我們自己的意見及立場。

④不要不說話

如果一方一直沈默不語，就無法產生會話。不管說什麼都可以，只要說一些和彼此有關聯的話題，就可以讓會話順利進行下去。在會話的場合中，沈默不是金，也不是銀。如果彼此間沒有共同的話題，就算說的是無意義的話，也比完全不說話還要好。

哈日族注意——不認輸的武士用語

武士們最討厭輸給別人，為了嚇阻敵人，讓自己看起來更強，或是因為受到禁忌的影響，而創造出武士專用的用語。

例如，當我方被討伐的時候，就會使用「討たせ」這個字。和這個字相同的還有，「切らせて」、「射させて」等字。

這些武士用語到現在還殘留著。

請別人關門的六種說法

語言社會學

想請別人幫我們關門的時候，通常都會說什麼呢？

①「不好意思，請幫我關門。」

②「喂，把門關起來。」

③「門關起來一下。」

④「不覺得有點冷嗎？」

⑤「到底是誰把門打開的？」

⑥「不好意思，可以麻煩你幫我關一下門嗎？」

光是請別人幫我們關門就有以上六種說法了，我想實際上應該還有更多種說法。那麼，哪一種說法才是最好的呢？有正確答案嗎？事實上，每一種都正確。

在這種狀況下，應該要根據兩人之間的關係從中選擇一種最適當的說法。在工作場合中拜託上司時，應該要用第一種說法；拜託自己的下屬時，應該要用第二種說法。父母親對孩子應該用第三種說法；到別人家的時候，應該使用第四種和第六種說法。

像這樣，以社會狀況、人際關係及語言使用方法之間的關係來做研究的領域，稱為語言社會學。

隨著交通和通訊的發達，世界變得更狹小、人與人之間的溝通也越來越頻繁。但是，在這個世界上有許多不同的語言及多樣的文化。為了理解各個社會之間的差異，語言社會學就顯得相當重要了。

擁有兩種語言能力並不難

待人處事的能力以及語言的學習

國際婚姻已經不稀奇了。

我在美國曾經訪問過一個先生是美國人，而太太是日本人的家庭。兩人有一個四歲大的小女兒。太太想讓自己的小孩擁有兩種語言能力，所以平常都用日語和孩子講話。當然，平常在公共場合裡都是用英語說話。

當我訪問他們時，那個小女孩用英語和她父親對話。雖然只有四歲，但英語已經說得相當流利了。不過，當她看到我時，馬上變成用日語和我打招呼。我對於她轉變語言的迅速及流暢度感到相當驚訝，甚至認為她是個語學天才。

但是，後來讀到語言社會學的書時才發現，像這種依照情況的不同而使用不同語言的能力，是小孩從小就與生俱來的。

從可以靈活運用語言的這件事就可以得知，人本身就存在著一種可以依照狀況來適當地處理人際關係的能力。與其說這種待人處事的能力是經由語言學習來的，倒不如說是先有待人處事的能力，才能更容易記住不同狀況下所使用的語言。

語言的靈活運用並不是從文法上學習來的，而是從人與人之間的交往學習來的。這種說法也可以應用在外語的學習上。與其看書學習，倒不如從人際關係中學習還要來得快。

當你不知道該怎麼回答時所做出的回答

無資格回答

所謂的會話，就是彼此間語言的往來。雖然是一連串的問題和回答，但有時也會有不知該如何回答的情況出現。

在前面所敘述的會話規則中，沈默是不被允許的。「我漂亮嗎？」當你被這麼問時，假如你不知道該怎麼回答而不回答時，就算違反規則了。因為如果你不回答，就表示你不同意這句話，這是一件非常不禮貌的事。

這時的回答方式有以下三種。

①真的很漂亮（肯定的回答）

②談不上漂亮（否定回答）

③這件衣服在哪裡買的？（逃避的回答）

在回答①的情況下，如果你根本就不認為漂亮的話，那就變成在說謊了。但有時也需要善意的謊言，而且在這種時候，應該會有很多人因為重視人際關係，所以回答本人期待的答案。在回答②的情況下，雖然順從了自己的內心，卻忽略了對方的感受。否定的回答不僅會傷害對方，同時也會使兩人之間的關係蕩然無存。

③是第三種方法。不正面回答是或不是，轉而說一些和這件事有關的話題。是或不是就留給本人自己去判斷。我們將第三種說法稱為「無資格回答」，這個方法比沈默要好上幾倍。當你不知該怎麼回答時，這種說法應該會有很大的幫助。

直接演說及間接演說

演說行為理論

「我會慎重的審查」、「我會積極的檢討」等，這些是國會答辯時常使用的句子。聽到這種回答時，我並不認為議員或官員們會按照他們所講的馬上進行審議或開始檢討。不論是講的人或是聽的人，都明白話中真正的意思。

像這樣，語言可以分為實際講的事（直接演說），以及話中真正想表達的事（間接演說），而大部分的時候兩者是不一致的。特別是在日本那種會依情況講表面話或真心話的社會中，場合越正式，兩者之間的差距就越大。

那麼，為什麼要使用間接演說，而不使用直接演說呢？為什麼不直接講出內心的話，非要用不同的說法來表達不可呢？演說行為理論提出了以下三個理由。

①避免直接責備權力大的人（地位高的人）——如果直接批評有權力者，那麼後果將會不堪設想。所以，間接的表達出心中的不滿不僅可以緩和批評的氣氛，也可以為自己留個台階下。

②給對方面子——如果直接批評的話，對方就會無地自容，而且可能會真的激怒對方，所以要避免讓人際關係受損。

③給自己面子——因為不想公開自己的錯誤而導致自尊受損，所以才會進行間接演說。例如當你發言之後又想修正剛剛說過的事時，通常就會說：「由於剛剛說的不夠詳細而引起一些誤會，所以我再重新說明一遍我所要表達的意思。」

你會講幾國語言？

對人說話型態

「我會講好幾國的語言喔！」當我正感到非常驚訝的時候，他又講：「因為父親常常調職的關係，我會講關西腔、關東腔和東北腔。」、「什麼嘛！」你內心可能會這麼想，可是這在語言學上確實是正確的，擁有三種以上的說話型態是非常值得驕傲的。

我們都擁有自己獨特的說話型態，而且不止一種。從鄉下到都市來的人，同時擁有生長地方的方言及都市的語言。

事實上，從小到大都在同一個地方生長的人也會擁有許多種說話型態。例如，在公司裡和上司說話時，以及和下屬說話時，說話型態是不同的。兩者之間變化很大的人，有時會被同事開玩笑的說：「你在上司面前的說話方式和平常完全不一樣呢！」另外，也有人和異性說話時，說話方式會完全改變。相信在女性中也有不少人會依照情況的不同，講話會比較天真或是賣弄風情。

最淺顯易懂的就是「嬰兒語言」。不論是誰，當他對嬰兒講話時，一定會以一種特有的高音，並且用和平常不同的音調及重音來講話。

另外，在講電話時也會有不同的說話型態。最近有越來越多的年輕人覺得透過電話比見面更容易講話，這是否意味著講電話的說話方式已經變成一種共通語了？

為什麼說話型態會改變呢？

會話對人調節理論

對上司的用語、對同事的用語、對下屬的用語、對女性的用語、對男性的用語、對嬰兒的用語……等，我們擁有各式各樣的說話型態。我們會依照說話的時間、狀況、場所、對象等，選擇一個最適合的說話型態和對方說話。例如，當你遇到同鄉時，幾年沒講過的方言就會不自覺地脫口而出。

為什麼我們會因對象而改變說話型態呢？在會話對人調節理論中，因為我們都想被對方喜愛、認同，所以才會選擇一個適合對方的說話型態，也就是說，以想要讓人際關係變好的慾望為基礎來配合對方。

會話對人調節理論的前提是，配合對方才會受到對方的喜愛及認同。這在一般來講，可以說是正確的，因為我們身體裡存在著一種喜歡和自己相似的人的類似性法則，而且使用同一種語言會產生同一團體意識及一體感。在鄉下的同學會中所感受到的溫暖及安心感，是來自於年幼時的熟悉，以及使用同一種說話型態，所以共通的語言可以說是一體感的基礎。

這件事主要是教我們，當我們和別人相遇時，使用和對方相同的說話型態，對方就會自然而然的喜歡你，讓人際關係更順暢。

第四章

爲自己留下好印象的方法

請回想一下第一次的約會

人際關係上的印象管理

人際關係並不是從兩人約會時才開始的，而是在實際約會前就已經開始了。因為在和對方見面之前，我們會仔細思考該如何給對方留下一個好印象。

請回想一下第一次約會時的情形，就可以了解這個道理了。

當我們第一次約會時，會從好幾天前就開始幻想著當天的情形。

「到底該穿什麼呢？正式一點的衣服比較好，還是輕便的打扮比較好？」、「要做什麼髮型呢？我想應該要去一下美容院吧！」、「見面之後要去哪裡呢？是要去公園，還是去看電影？有沒有什麼地方在舉行比賽呢？查一下書好了。」、「要去哪裡吃飯呢？要吃什麼比較好呢？」、「對了，要聊什麼話題呢？」……等，腦海中就會浮現一大堆事情，排練當天約會的情形。

在第一次約會前所想出來的一連串計畫，主要是著重於當天會留給對方什麼樣的印象，更勝於當天是否能快樂的度過。訂定計畫，希望能藉此讓對方對自己留下好印象，並且能夠將自己心目中的自我印象正確的傳達給對方。

像這種透過自己來思考並管理自己帶給對方的印象的行為，稱為「印象管理」。因此，人際關係是從自我印象管理開始的。

印象管理就是自我表現

印象管理的現代性

所謂印象管理，可以說是自我的商業，也可以說是透過宣傳、廣告、推銷，將自己的優點傳達給對方知道，以及讓自己如同預測般的被對方接受的一種「ＰＲ活動」（宣傳活動）。

和別人相遇、交往、爭執時，我們會想出各式各樣的應對方法。這種和人應對的方法，在戰爭用語上被稱為「對人戰略」。而針對對方所做的自我印象管理，則是這個對人戰略的中心部分。

特別是在現代的都市社會中，這種印象管理在人際關係上是非常重要的一環。因為當都市越來越巨大化時，在都市裡生活的人的人際關係就變得越來越表面化了。

例如，有兩個人在同一個鄉下出生、一起長大，國中和高中時也交一樣的朋友，然後工作，一直到長大成人。請思考兩人之間的關係。應該感受不出他們有彼此互相管理自我印象的必要吧！因為他們從小就非常了解對方的性格、能力、出生背景等所有的事，因此不需要再一次向對方推薦自己。

另一方面，如果想在都市工作，就會遇到許多初次見面的人。由於這時都還不了解彼此的事情，所以必須要將自己是什麼樣的人傳達給對方知道。這時印象管理就非常重要了。

重要的不是說了什麼，而是如何拍攝

電視演員的印象管理

電視演員可以說是最懂得印象管理的人。印象管理在短暫的、表面的交際中是非常重要的，而演員以及觀眾之間的關係就是最好的典範。觀眾無法看到演員真實的一面，通常都是依靠映像管所呈現出來的印象來評斷那個人。也就是說，在電視畫面中拍攝出來的表面要素會形成印象。

因此，電視演員非常要求自己在電視上所呈現出來的效果。因為，即使是講同一件事，如果攝影機的拍攝方法不同，所呈現出來的印象也會有所不同。在電視上最重視的是拍攝出來的效果如何，其次才是說話的內容為何。

這從以下這件事就可以了解了。當你在電視上演出之後，看過那個節目的人一定會對你說：「你上次有上電視吧！我看到了喔！」雖然你上電視是以專家的身分來給予意見的，但是得到的回應幾乎都是：「你看起來好有派頭喔！」、「那件套裝好漂亮喔！給人一種很活潑的感覺喔！」

就如同大家所知道的，觀眾注重的並不是你在電視上所說的意見，而是整體拍攝出來的感覺。而且如果印象不好，那麼你所說的話也會大打折扣。雖然這是少數特殊的例子，但是由此就可以看出印象管理的重要性了。

印象管理是欺騙的技巧？

印象管理的負面形象

聽到「對人戰略」或是「印象管理」這樣的字眼時，相信有很多人都會產生不好的感覺。或許是因為這樣的字眼會讓人覺得那是種運用策略來製造表面、巧妙欺騙對方的方法。實際上，現在確實有很多推銷員打扮清爽地在街上吸引年輕女性，然後再把昂貴的英語錄音帶或是化妝品賣給她們。另外，也有一些不法商人會故意對獨居老人非常親切，然後再將昂貴的佛像賣給老人們。

確實，這些人可以說是利用印象管理來謀取暴利。但是，這些例子是因為結合了社會事件，才會如此受人矚目。在印象管理的整體裡，這只能算是一小部分的負面形象而已。一般的印象管理是非常積極的，通常都被充分運用在人際關係上，促進人際關係的發展，同時也可以讓自己更充實、成長更多。

印象管理成為人際關係的基礎，同時在自我形象的確立上擁有重要的功用。我們都擁有對自己的看法以及對對方的看法，然後在人際關係中表現出來並交換這些看法。根據自己的表現能否被對方接受、對方會如何反應，以及會得到什麼樣的回應等，可以確定自己對自己的看法（自我概念或是自我形象）。

如果有正確的回應，就會對自我形象更有自信，如果有不同的反應，也可以藉此修正自我形象。因此印象管理不僅是管理對人的印象，同時也管理自我形象。

人生是一齣自導自演的連續劇

葛夫曼的角色理論

人生可以說是一齣連續劇，這並不只是單純的比喻而已，而是指我們都在「人生」這一齣戲裡，和連續劇的主角一樣，一邊扮演著一個角色，一邊創造人際關係，過著社會生活。

社會學者葛夫曼指出，人類的對人行為是一種為了達成自我目標的戰略性對人的自我呈現。朝著目標前進、扮演著固定的角色，這在連續劇用語上稱為「劇本演出法」。

當我們抱著某種目的和別人見面時，就像是演員在後台化妝、穿戲服一樣，出門前會在鏡子前整理自己的儀容，然後再從衣櫃裡選一套適合當天目的的衣服。

另外，在我們和別人見面之前，就好像演員在思考舞台佈置一般，選擇適合目的的環境及場所。

當我們見到對方時，一開始都會戴上假面具，製造出一個形象。透過禮儀、說話方式等來製造這個形象。製造形象的目的在於得到對方好的評價，以及讓對方認同自己是個擁有社交能力的人。當彼此都確認過對方是個社會人以後，就會依照社會規範（劇本）開始扮演被分配到的角色。

於是，日常生活就像劇本一般的進行著。沒想到社會生活就是一齣有劇本的連續劇。

照著自己所寫的劇本行動

社會劇本

請回想你參加婚禮或是喪禮時的情形。通常儀式應該都是按照慣例來進行的，而你就會照著自己腦中的劇本來行動。

那麼，請試著想像自己突然參加一個不認識的國家的婚禮或喪禮的情形。你應該會為了不知道該怎麼做比較好而感到非常煩惱吧！那是因為在你腦中沒有適合這個儀式的劇本。

社會劇本
在你的腦中擁有一本日常生活的「行動劇本」……

連續劇中的演員都是按照劇本去講話、動作。每個演員都融入自己的角色，完全照著劇本去演戲，所以連戲劇才能順利進行。而這個劇本就有如是我們腦中的劇本。

和連續劇不同的是，在我們的日常生活中不會有人給我們劇本。但是，我們在腦中會擁有自己行為的劇本，然後照著這個劇本去從事社會行為。這就是「社會劇本」（社會行為劇本）。

另外，不只是社會行為而已，我們對於日常的社會生活及人際關係也同樣擁有行為劇本，然後照著劇本行動，並且預測將來。

體會並回應對方的要求

厲害的印象管理法

在演員裡，有演技好的演員和演技不好的菜鳥演員。在我們這些人生的演員中，同樣也有善於印象管理的人與不懂得印象管理的人。

那麼，什麼樣的人才能算是善於印象管理的人呢？舉個例子來說，無時無刻都很開朗、社交能力好、不管什麼時候都不會生氣的人，會帶給周遭的人非常好的印象，這種人可以說是善於印象管理的人。但是，這樣做或許可以建立一個良好的形象，但卻無法按照內心所想的去達成自己的目的，因為對方並不會按照你所期望的去行動。

為了要像心中所預測般的打動對方，要配合當時的情況，時而生氣時而流淚，這在印象管理上可以說是個必要的策略。

經驗豐富的演員在舞台上會觀察觀眾想要看什麼表演，然後因應觀眾的需求來演出。演員及觀眾之間存在著一種奇特的氣氛。音樂家做現場演奏是為了要體會廣大觀眾的要求，然後配合觀眾，以一種不同於以往傳統演奏的方式來表演。於是，觀眾就會因演奏達到他們的期待而非常感動。

同樣的，善於印象管理的人並不只是單純的扮演好人而已。他們會敏銳的察覺對方的需求，然後再配合這個需求來行動。如此可以帶給對方強烈的印象和感動，按照自己當初所預測般的打動對方。

若只是單純的調整自己，不能算是完整的印象管理方法。了解對方的思緒，然後配合他的呼吸是件非常重要的事。

人在無意識中會進行印象管理

對人協調行為

印象管理是一種主張自己可以管理自己的印象，是非常積極的理論。與之前一些客觀的、被動的印象形成的理論相較之下，會讓人覺得這種以自己的力量來創造人際關係的觀點非常先進。構成這個理論的基本想法是，透過管理自己帶給對方的印象，可以控制對方的反應，並將兩人之間的關係導入自己所預測的方向。

像這種有意圖的進行印象操作，是一種對人戰略。但是，在對人的場合裡，即使沒有明確的意識，大部分還是會進行印象管理。

根據某項調查，當女大學生遇到擁有三高（高學歷、高收入、高身高）的男性時，會針對女性在社會上所扮演的角色來強調傳統女性的魅力，做出一些配合男方意見的「協調行為」。但如果對方是比較沒有魅力的男性，或是已經擁有固定女友的男性，就不會做出這種協調行為，而且會主張女性在社會上的平等性。對於心儀的男性，女性總是會做出一種強調女性魅力的印象管理，想藉此擄獲對方的心。當然，男性也是一樣的。

另一方面，對於自己討厭的人會有透過和對方持相反意見來保持距離的傾向。對方所說的話和自己的相同與否，並不只是單純的意見不同而已，同時也表達了自己的喜惡。

半夜的早安

打招呼的效用

「早安。」、「早，你好嗎？」、「我很好。」

——雖然是半夜，但在電視台裡，工作人員及藝人們卻很有精神的互道早安，然後深夜節目就開始了。

「早安」這個招呼語在大眾傳播界裡已經變成剛見面時打招呼的用語了，和時間並沒有關係。由於這個字在所有打招呼的用語中氣勢最強，為了傳達「讓我們從現在開始一起工作吧！」這種情緒，所以在日短夜長的傳播業界裡，「早安」已經變成早晚通用的招呼語了。

打招呼從字面上來看也許很簡單，但在人際關係上卻扮演著相當重要的角色。兩人見面時互相打招呼，可以維持彼此的形象。透過打招呼可以表示彼此對對方擁有積極的感情，同時也可以確認對方對自己擁有積極的感情。

請想像一下當你遇到一個人，你跟他打招呼而他卻沒有任何回應時，你會有什麼感覺。「或許他討厭我吧！真是個討厭的傢伙。」、「這傢伙真自大。」相信應該會對對方產生負面的情感。從這件事就可以發現，打招呼不僅是兩人人際關係中最基本的支柱，同時也可以維持彼此的形象。

打招呼是件簡單的事。為了讓人際關係更順暢，不管什麼時候都不要忘了主動與別人打招呼。

與其受到喜愛，不如讓大家畏懼

馬基雅維里的對人戰略

文藝復興時期活躍在佛羅倫斯的思想家馬基雅維里所寫的《君主論》，被視為是一本權謀術數、缺德的書。到底在這本被羅馬法王禁止、燒毀的書中，寫了些什麼東西呢？

那是一本教導只擁有資本卻沒有武力及要塞的君主擁有國家以及統治國家的方法。主要內容是要如何操縱對手，鞏固自己（本國）的權力及社會立場。其中包括

- 君主要讓大家畏懼
- 鎮壓要先下手為強
- 製造敵人，然後再消滅他

……等，裡面確實有鼓勵惡行的字眼存在。

但是，馬基雅維里的君主論的本質可以說是在教導君王不要輕易的被影響自己的感情，要理性且冷靜的做好印象管理。這本書的中心是，

- 武裝自己，讓對方驚嚇
- 不要一開始就洩漏自己的本意
- 不要剝奪對方重要的東西
- 如果只是一味的考慮該如何避免戰爭，會更加不利
- 要遠離奉承的人

……等，教導一些當團體之間或是個人之間產生紛爭時，讓人勝利的合理的對人策略。

因此，在最近的社會心理學中，已經不再有人認為馬基雅維里是缺德的人，反而視他為冷靜的戰略家。那些在對人的場合中可以從事合理印象管理的人，都被評價為馬基雅維里傾向很高的人。

哈日族注意——避免不幸的忌諱語

所謂忌諱語，是指為了避免使用不吉利以及當事人不喜歡的字彙時，用來代替的字。例如，在婚禮的致詞裡，不能使用「離開、離去、分離、分別、斷絕、薄、變薄、休掉、回復、退出」等字眼。

另外，在船的用語裡面，不會使用和翻覆有相同意思的「返る」，而在狂言裡，用「アリノミ」來代替梨子這個字。這就和以「硯箱、摺り鉢、するめ」來代替「アタリ箱、アタリ鉢、アタリめ」是一樣的道理，而且和金錢有關係的「なし、する」，我們用「アリ、アタリ」來代替。

《重新解讀馬基雅維里主義》

學習一下對人場合中的合理印象
為了在競爭社會中生存下去……

新馬基雅維里人類

馬克尺度

美國的社會心理學家克里斯汀和蓋斯否定了對於馬基雅維里的惡意批評，創造了新的馬基雅維里人類。

所謂馬基雅維里人類，是指在人際關係的對應上不會喪失自己的感情，會明確的把握住自己的目的，然後冷靜地判斷當時的場合，不會被狀況影響，反而會依照狀況及對手的不同而改變戰略，能夠採取更有效的方法，重視現實的利益更勝於理想，思考具體的方案更勝於抽象的議論，能夠理性地實行最完美戰略的人。

於是，創造了「馬基雅維里主義尺度（馬克尺度）」，透過這個試驗，可以測試出一個人到底是什麼程度的馬基雅維里人類。

這個試驗是以回答問題的簡單方式進行。舉例來說，「為了打動一個人，最好的方法就是說他想聽的話」，針對這個問題來回答是或不是。

在這個項目中回答是的人，擁有較強烈的馬基雅維里傾向。

針對許多不同的人來做這個試驗，結果發現，以都市的上班族及人們為對象的服務業從業人員，擁有較強烈的馬基雅維里傾向。另外，從這個實驗的結果也可以發現，馬基雅維里主義的人在競爭的交易中較為強勢，而且馬基雅維里主義的男性在吸引女性方面非常拿手。

在即使全然不知，卻仍然確信的情況下，也可以說：「果然如此。」但也常常會有說謊、騙人的事情發生。

做面子是國際性的人際關係

表面功夫

做面子這件事用英文來講，叫做表現功夫（face work）。這是讓人際關係更順暢的一個重要的對人戰略。

顧及對方顏面的行為，應該是存在於日本人的人際關係裡的。因為一般都不認為在口語表達方面非常直接的美國裡，關心他人的行為會在人際關係上扮演重要的角色。

但是，在美國人的人際關係中，保留自己的面子以及顧及對方的顏面都是非常重要的事。像這種被認為是日本式的人際關係中微妙的地方，也同樣存在於美國。

隨著商業國際化，和外國人見面、做生意的日本人已經越來越多了。這時最好不要太過武斷，認為日本人的人際關係較獨特，和外國人不同，或是認為外國人無法了解日本人的人際關係。

做面子這件事是美日共通的。例如，即使是美國人，當有人談論著他得意的事情或是興趣時，聽者至少會在表面上裝出一副關心的樣子，為對方保留一點面子。

另外，如果有人拿到很差的成績或考試不及格，要盡可能避免那個話題，如果不小心觸及此話題時，也要安慰他那只是運氣不好而已，注意不要傷及對方的自尊心，要顧及對方的面子。或許你會認為這種行為相當日本化，但是做面子是國際性的人際關係中最基本的一環。

下次去你家玩吧！

兩種表面功夫

「下次去你家玩吧！」如果你的朋友這麼對你說，你會怎麼做？應該是憂喜參半吧！或許你會認為非要將房間整理得乾乾淨淨不可。你應該會思考要讓朋友看到你房間最完美的一面吧！

如何將房間呈現出去，就等於如何呈現自己。也就是說，將自己的房間呈現在別人面前是非常重要的自我呈現。此時，印象管理會產生很大的功用。即使是平常會將成人電影的錄影帶放在房間的年輕人，當女朋友要來時，也應該會把錄影帶收到抽屜的最裡面，然後在房間裡放一些正經的雜誌吧！

這是一種保留自己面子的對人戰略。可以將人際關係中的「面子」分為以下兩種表面功夫。

①保留自己面子的表面功夫

②顧及對方顏面的表面功夫

那麼，為什麼除了要保留自己的面子以外，還要顧及對方的顏面呢？因為表面功夫是讓社會生活中的人際關係更順暢所必要的潤滑油。或許這的確很表面化，但是這麼做才能讓彼此積極的接觸對方，並且藉此抑制不信任、懷疑、不愉快、屈辱感等這種人際關係中負面的感情，才能安心的和對方繼續交往下去。

特別是在人際關係剛開始的時候，這種保留面子的行為是非常重要的。謹慎地與對方交往是相當重要的。

人為什麼要自我呈現？

自我表現的理由

像這種將自己的訊息傳達給對方知道的行為，稱為自我呈現（自我表現）。這是為了讓對方對自己擁有好印象，而有意識操作情報並製造出特定印象的對人戰略中的「意識性（戰略）自我呈現」。

那麼，為什麼人要自我呈現呢？理由有以下三點。

①根據社會的肯定需求所做的自我呈現
②根據支配需求所做的自我呈現
③為了自我確認所做的自我呈現

第一個是以社會的肯定需求為基礎的自我呈現。我們都擁有被人喜愛、被人認同的基本需求，只要一想到被人討厭、被人排擠時的孤獨感，就更能體會這種強烈的欲求。為了得到他人的認同，我們會呈現出適合對方以及被對方喜愛的一面。這可以說是一種為了讓對方接受自己的自我呈現。

第二個是以支配需求為基礎的自我呈現。和肯定需求完全相反，這是為了讓對方按照自己所設想的方式去行動的一種自我呈現。將自己和對方的期待及喜愛吻合的一面呈現出來，藉此得到信賴，統治對方的可能性也會因此增高。另外，藉著呈現出自己強勢的一面，或許可以讓對方心生恐懼，而照著我們所想的方式去行動。

第三個是以自我確認需求為基礎的自我呈現。我們都擁有自己理想中的自我姿態，但能不能達成還是個未知數。於是，將理想中的自己實際呈現出來，如果能得到對方的認同，就可以自我確認。

自認為是領導者的人，會實際去取得領導權，如果這件事能順利進行，就能自我確立了。這是為了確認理想的自我所做的一種自我呈現。

哈日族注意——狗一上路就會遇到好事

「老師，『狗一上路就會遇到棒子』是什麼意思？」——突然有學生問我這個問題。

於是，我反問其他學生，結果有不少學生回答這句話的意思是：「狗在路上走著走著，不知不覺就會遇到幸運的事。」

原本狗遇到的棒子應該是負面的意思，可是現在的學生幾乎都認為棒子指的是正面的意思。

這就跟已經在報紙上喧騰一時的「好心終會有好報」這句諺語相同。諺語也會隨著時代的改變，而產生不同的意思。

《將自己的訊息傳達給對方知道的行為・稱為「自我呈現」》

根據自我呈現，讓自己更接近理想中的自己

根據自我呈現所產生的精神化

相信有許多上班族都想變成有領導能力的人。我想這樣子的人一定會去閱讀有關領導方面的書籍和戰國武將的傳記，而且還會去聽成功的職棒教練的演講，努力學習領導能力。

但實際上，我們並不知道自己是否擁有領導能力。

這時就要透過自我確認的需求來達到自我呈現。實際將下屬及朋友聚集起來，組成一個小組，然後試著以領導者的身分去發揮你的領導能力。如果成功，「都是組長領導有方。」組員會給予好的評價。透過這種同伴們給你的評價，就可以確認自己的領導能力，並建立自信。

為了確認自己是否接近理想中的自己，自我呈現是最好的辦法。

不僅如此，這種自我呈現還會發揮意想不到的效用。當你將理想中的自己呈現出去時，透過這種行為，可以讓你更接近理想中的自己，稱為「精神化」。根據你所做的一些領導者的行為，可以讓自己的情緒及感情更像一個領導者，讓自己更接近自己的理想。於是，周遭的人也會漸漸的認同你。如果擁有理想的話，一定要實際去行動。透過自我呈現，不僅可以確認自己，更可以達到自我成長。

透過權力，有意圖的創造人際關係

對人戰略

有人將strategy翻譯為「戰略」。如果將inter personal strategy直接翻譯，就變成「對人戰略」了。由於strategy這個字是屬於戰爭用語，所以「對人戰略」這個專門用語會帶給人強勢的感覺。

這個字會讓人覺得這是種將人際關係視為戰爭，把對方當作敵人，然後為了戰勝敵人所建立的策略。就像「商業戰爭」這個用語，如果我們將商業視為戰爭，那麼也可以將這裡所指的人際關係視為一種戰爭，如此一來，對人戰略這個字眼就和現實沒有太大的不同了。

不過，也有人將strategy翻譯為策略。如果採用這個翻譯方法，那就變成對人策略了，如此就不會有強勢的感覺了。但是，取而代之的是會產生一種狡猾、騙人的感覺，整體上會給人一種不好的感覺。由於對人策略不是以騙人為目的，所以翻譯為對人策略並不是很適當。

不管是翻譯成哪一個字，在這個用語的背後，我們可以明顯的發現其理念是透過權力，有意圖的創造出人際關係。而這個策略並不是架構在讓人際關係自然演變的想法上，而是有計畫性的進行對人的行為，有意識的將自己呈現出去，以及積極的創造出方向，然後藉此形成人際關係的想法。

於是，要如何才能按照自己所想的方式來自我呈現，已經變成一個相當重要的課題了。

打動人的五種戰略

自我呈現的對人戰略

想要打動對方時，都會考慮使用對人戰略。以下具體舉出五個這時會使用的自我呈現的對人戰略。

①恐嚇戰略
②自我宣傳戰略
③模範戰略
④請願戰略
⑤迎合戰略

第一個恐嚇戰略是，將自己強勢的一面呈現在對方面前，讓對方產生恐懼感，藉此讓對方照著我們所想的方向去行動的方法。

第二個自我宣傳戰略是，為了得到對方的尊敬，而積極的將自己的才能、美貌呈現在對方面前的方法。

第三個模範戰略是，藉著自己在對方面前所做的示範，期望讓對方做出相同行為的戰略。就像課長親自工作到很晚、從事慈善募款、倒茶一樣，扮演著理想的典範，然後讓大家遵循的一種方法。

第四個請願戰略是，強調自己的缺點及弱點，藉此博取對方的同情，讓對方朝我們所想的方向去行動的方法。

第五個迎合戰略是，呈現出自己迎合對方的一面，藉此受到對方的喜愛，進而獲得打動對方的力量的方法。在人際關係上，我們最常使用這種戰略。

哈日族注意——「まいられる」是正確的嗎？

在日語裡，根據說話者、聽者以及第三者（話題中的人）的年齡、公司裡的地位、社會地位以及社會生活中親密程度的不同，同一句話也會有不同的說法。這些用語被稱為敬語，而敬語又可以分為尊敬語、謙讓語以及謙稱語。例如，「来る」的尊敬語是「いらっしゃる、おみえになる……」，謙讓語是「まいる、うかがう……」，謙稱語是「来ます」。曾經有人問我：「某某人什麼時候會來呢？」由於這句話裡面的「まいる」是「来る」的謙讓語，所以即使在這個字後面加上表示尊敬的「られる」，還是不能變成尊敬語。這樣反而會變得非常失禮。

由於怕對方生氣，所以就照著他所說的去做

恐怖的對人戰略

如果對方給予我們可怕的印象，由於心存恐懼，就會照著對方的想法去行動。即使對方的想法和自己的想法不同，也會因為害怕而遵從。

孩子們都會因為怕媽媽會生氣，所以不敢看喜歡的電視而去讀書、不敢出去玩而去補習班。即使日本人長大成人以後，依舊保有小時候的習性，因為害怕上司會生氣，所以贊成上司的意見、加班、陪上司到酒店或卡拉OK應酬。

幾年前，國中裡瀰漫著一股校園暴力的風氣。在當時的國中裡，暴力的矛頭並沒有指向全體教職員，國中生並沒有對看似恐怖的老師們施以暴力。當時，每個老師之間都祕密流傳著：「剛開始最重要的是，不能被學生們輕視。即使用威脅的，也要讓學生們覺得自己是恐怖的老師，這是相當重要的。」

恐怖的人、可怕的人、力量大的人、攻擊性的人、容易生氣的人、暴力的人、帶著武器的人、擁有處罰權力的人、偉大的人……等，如果讓對方產生這種印象，對方就會因為心存恐懼，而表面上順從自己。這就是恐嚇戰略。

相撲是打架

運動上的恐嚇戰略

恐嚇的對人戰略經常被運用在運動及政治上。

「相撲是打架」這句話是指，睜大眼睛瞪著對方。對方只要用那巨大的體型及瞪大的眼睛稍微恐嚇一下，幕內級力士就會嚇得全身發抖，比賽還沒開始，氣勢就已經輸了。

在棒球比賽中，投手會瞪著打擊者，而打擊者也會不服輸的回瞪投手。在還沒投球之前，鬥爭就已經開始了。以前曾經有位外國投手會在投手板上大聲喊叫，他的球速雖然不是很快，但是他的氣勢及叫聲在一開始就發揮了效果，讓打擊者受到驚嚇而打不到球。

在打擊者當中，也有會大聲喊叫的人。在甲子園的高中棒球比賽中，打擊者會將球棒指向投手的方向，然後大喊「喂」，這也可以算是一種威嚇。被球棒指著的投手就會因為害怕而投出容易打擊的球。像這樣，在運動界裡，示威是一種讓對方害怕的戰略之一，並且可以發揮很大的效用。

特別是在美式足球、籃球、冰上曲棍球等這些屬於肉搏戰的運動中，恐嚇對方是一種取勝的技巧之一，所以也列為訓練的項目之一。

處罰、處刑、火箭攻擊

政治上的恐嚇戰略

「與其受到喜愛，君主更要受到人民的畏懼。」

「君主讓人民感到畏懼的話，會比較安全。」

這兩句都是馬基雅維里的《君主論》中的話。像這種馬基雅維里主義在政治上所使用的恐嚇戰略，比起在運動界裡還要更露骨、陰險。

不管是國際政治還是國內政治，恐嚇戰略經常被利用在政治界上。

特別是當獨裁者登上統治者的地位時，就會採取恐嚇戰略來實行恐怖政治，讓身邊的人、反對勢力，甚至國民都陷入恐怖的深淵。對於所有的反對勢力，都會加以鎮壓、處刑，就連身邊的人只要有一點點謀反的徵兆，也同樣會毫不留情的加以處罰。

人民會因此而感到恐懼不安，擔心自己會成為下一個受害者，所以絲毫不敢反對。一旦獨裁者登上領導者的地位時，即使民心背離、受到大家的反對，他也不會因此而下台，這就是因為他善於利用這個戰略的關係。

但是，這個恐嚇戰略並不只限於政治獨裁者可以使用而已。

「你們到底在做什麼?」當獨裁的社長及精明能幹的課長大聲怒罵的時候，社員們應該會害怕得全身發抖。為了讓對方照著我們所想的方式去做，最大的關鍵就是受到對方喜愛的同時，也要讓對方心存畏懼。

如果生逢其時，我一定是君王

自我宣傳戰略

人們都希望受到別人的喜愛、尊敬以及讚美。為了受到他人的喜愛，會使用迎合戰略，而為了受到尊敬，就會使用自我宣傳戰略。也就是說，為了受到他人的尊敬，就會將自己的能力、成功以及將來的前途呈現給對方知道。

所謂自我宣傳戰略，是指積極的向對方鼓吹自己的優點及才能，而「如果生逢其時，我一定是君王」這句話也是自我宣傳戰略之一。但是，如果只是一味的吹捧自己的優點是不行的。

「那個人只會自我吹捧，真是個令人作嘔的人。」、「只是虛張聲勢，還是真的有才能呢？」如果讓聽者產生這樣的疑問，那麼這個戰略就算失敗了。

因此，在自我宣傳戰略中強調才能的同時，也必須要提高可信度。

其中一個方法就是，在表現優點的同時，也要表現一點弱點及缺點。透過缺點的呈現，可以讓人感到人情味，並提高你說話的可信度。

另外，將你在困苦的環境中得到成功的事情以及在逆境中失敗的事呈現給對方知道，也可以讓對方感到人情味，並有效提高你才能的可信度。不只是正面的事，如果在自我宣傳裡也能加入一些負面的事，效果將會大大提升。

受不了別人哭訴的日本人

請願戰略

請願戰略與恐嚇戰略、自我宣傳戰略完全相反。每個戰略都是將自己的力量及才能呈現出去，但相對的，請願戰略卻是將自己的弱點、無能及厄運呈現在對方面前，藉此博取對方的同情。

跪在地上乞求幫助、纏著對方，讓對方照著自己所想的方式去做。

這個戰略主要是在請求對方援助時所使用的一個方法，同時也是無論如何都希望得到援助時所使用的最後一個手段。這就是所謂的「哭訴作戰」。

像這種低下頭、流著眼淚的方法，通常都是弱者向強者乞求援助或是逃避處罰時所使用的戰略。但是，有時社會地位高的人也會對地位低的人採取這種戰略。

舉個例子來說，當舉行地方行政或中央政府的選舉時，一向都高高在上的國會議員，在地方後援會的集會上會向民眾低頭，有時甚至會跪在民眾面前拜票。

這種請願戰略往往可以讓地位較低的民眾受到很大的影響。或許用「動搖」這個字眼會比較適當。當那麼偉大的人向自己哭著請求援助時，內心會感到非常滿足而接受那個人的要求。

當然，這個戰略並不只限於選舉而已。向部下低頭，藉此打動部下的這種請願戰略，在工作場合裡也相當有效。

過了五點還不回家的課長

模範戰略

到了五點，準備結束工作回家時，發現課長還在工作。這時想起中午和課長一起吃飯時，課長曾說過：「今天是孩子的生日，所以要早一點回去。」後來向同事打聽之後才知道在四點時，公司的老主顧打來一通電話，進來了一份緊急的工作。

這時，當然不能因為已經過了五點就留課長一個人在公司加班。「課長，我來幫你的忙吧！」——應該會有很多人即使有約會，還是會留下來把工作做完。

像這樣，自己做為大家的模範，期望藉此得到對方的讚美並改變其行為的作法，就是模範戰略。

日本師徒制度的教育中，可以說大部分都是依據這個模範戰略。老師並不會實際教導學生技藝和技術，而是要學生自己用眼睛去揣摩。

師傅不會實際去教導學徒，只是建立一個模範而已。老師在一生當中，不管是人性方面也好，技術方面也好，都像是修道者般的嚴格規律自己。看到這種情形的人，內心會受到很大的影響，然後漸漸將老師的行為當作是自己理想中的典範。捨棄自己的快樂，默默的留在公司裡加班的課長，可以說是商場中的修道者。

將自己做為對方的活典範——這就是模範戰略的自我呈現。

故鄉的高中在甲子園獲得了優勝

聯合戰略

有一種自我呈現是，將別人的成功和自己做某種程度的結合，然後藉此展現自己的優點。

自己在學生時代的同學變成藝人的人，「以前我們常常在一起玩，當時他並沒有現在那麼可愛。」等等，會將自己和人氣很高的藝人放在同一個等級上，藉此顯示自己的價值。

另外，只要高中棒球比賽一開始，公司裡就會有越來越多的人吹噓著自己的故鄉。「山形中央高中很強吧！它只在我鄉下老家的隔壁村而已喔！」連平常表現得一副很有都市品味的人也會說出這樣的話。即使出場比賽的學校位於自己鄉下老家的隔壁村，那個棒球部和自己並沒有任何關係，但是當那個隊伍獲得優勝時，就會表現出一副自己能力受到證明的樣子。

不可思議的是，連聽者聽到說話者將他人的成功視為自己的成功時，心中也會因此漸漸覺得這個人或許也擁有才能。

會產生這種不可思議的心理是有原因的。對於身為社會團體動物的人類而言，這種以聯合為基礎的自我意識的呈現，可以讓彼此在感情上達到共鳴。

當自己支持的隊伍勝利時，或是跟自己同鄉的人成功時，也會覺得是自己得到優勝、成功，這是因為一視同仁的緣故。同樣的，當任何和你有關聯的人得到優勝時，也會產生一種將兩人一視同仁的情感。因此，當產生這種優勝及成功時，在不造成對方厭惡的範圍之內將這件事當作話題來講，可以藉著這種自我呈現來提高自我價值。

哈日族注意——文章語是什麼時候產生的？

我們在每天的生活中都會使用口語（聲音語言）和文章語（文字語言）。那麼，日語的文章語是什麼時候產生的呢？

現在被大家廣為使用的平假名，是以草假名為根基發展而成的，而草假名被稱為是婦女文字。在平安時代初期，已經習慣全部都使用草假名。而片假名是由奈良的僧侶開始使用的，不管是平假名還是片假名，都是由萬葉假名演變而來的。在萬葉假名中，將「天」寫成「阿米」、「國」寫成「久爾」、「悲傷」寫成「可奈志」等，把漢字當作假名來使用。

平假名和片假名的字體達到統一，則是明治33年以後的事了。

《提高自我價值的自我呈現……》

以好意來改變權力關係

迎合戰略

在自我呈現的對人戰略中，最常被大家所使用的就是迎合戰略。所謂迎合戰略是指，為了得到對方的好意及讚美，而改變自己的意見及行為來配合對方的意見及行為的對人戰略。

基本上，迎合戰略是力量薄弱的人對強勢的人所採取的方法。這是一種當地位低、立場卑微的人遇到地位高、立場強的人時，為了要削減、抑制對方的力量以避免對方直接向我們行使他的權力所使用的戰略。

上司擁有處罰下屬的權力、顧客擁有中止交易的權力，而這兩者之間的權力有很大的差距。因此，部下或是交易對象都想要化解這種權力的差距。其中一個方法就是迎合戰略，藉由受到對方的喜愛而改變兩人之間的權力關係的對人行為。

那麼，如果受到對方喜愛，兩者間的權力關係會產生什麼樣的變化呢？基本的上下關係是不會改變的。但是，擁有強大權力的人或許會因為對方是自己喜愛的部下或客戶，所以不忍心處罰他或是中斷交易。因此，他就會躊躇著到底要不要行使自己的權力。另外，對於那些自己喜愛的部下及客戶，他會詢問並接受他們的意見。

像這樣，我們可以藉著受到上司的喜愛，讓形式上非常明顯的上下關係中的權力差距無法在現實生活中行使出來。

這就是為什麼地位低的人喜歡利用迎合戰略的原因。

為了受到喜愛的自我呈現戰略

四種迎合戰略

為了受到對方喜愛的迎合戰略中，可以分為以下四點。

①稱讚戰略
②贊成戰略
③自我高昂戰略
④贈送戰略

第一個稱讚戰略是指對對方表示敬意，並且大力讚揚他的意見及行為。人只要被稱讚，就會對稱讚自己的人產生好感，這個方法就是利用這種心理。但是如果太過火，就會變成奉承，反而會惹人討厭。

第二個贊成戰略是指贊同對方的意見，並和他一起行動。人對於贊成自己的意見以及和自己擁有相同目的的人會產生好感，這個方法就是利用這種心理。但是如果太過火，就會變成唯命是從的人或是單純的追隨者。

第三個自我高昂戰略是指誇大自己本身的魅力，藉此讓對方喜歡自己的一種方法。將自己符合對方條件的一面呈現出來，「真是完美的人，剛好符合我的喜好」如果能讓對方產生這種想法，就可以讓他對自己產生好感了。

第四個贈送戰略，也就是所謂的禮物作戰。如果從別人那邊得到自己喜愛的禮物，就不會對送禮物的人產生不好的印象，而這個戰略就是利用這種心理。送給戀人的生日禮物或是送給上司的禮物，都是為了博得對方好感的一個重要的方法。

迎合戰略之所以會成功，完全是因為人只要被人讚美就會喜歡對方，只要被認同就會對對方產生好感，以及得到禮物就會覺得對方是個好人的心理。關於這些心理機械論，在第六章會有詳細的說明。

哈日族注意——雙重敬語是失禮的？

敬語雖說是為了表達敬意所產生的語言，但並不需要過度使用。例如：「お帰りになられましたら」、「お読みになられる」等等，都可以將「られる」拿掉，換成「お……になる」就可以了。

像「お……になられる」的說法，就是將原本的「お……になる」的敬語加上「られる」這個助動詞的敬語，因而產生雙重敬語。

像這樣太過於禮貌的說法，反而是種失禮，說話者有時也要看場合使用，不然會被人認為你太過於低聲下氣，而有點令人受不了。

奉承話被揭穿

迎合的矛盾

在上下型的人際關係裡，地位低的人強烈希望受到地位高的人的喜愛。因此，為了討好他們，就會做出許多迎合戰略。

但是，這種迎合戰略相當困難，不管再怎樣奉承，到頭來終究失敗的例子也不少。那麼，為什麼迎合戰略對地位低的人來說很困難呢？這是因為自我呈現裡包含了兩個「迎合的矛盾」。

第一個矛盾是，上司對於下屬採取迎合戰略的事相當清楚。也就是說，即使你特意讚美上司，「奉承也相當不容易吧！」上司卻對此輕輕付諸一笑，因為他認為你是在阿諛奉承。因此，迎合戰略宣告失敗。

另一個矛盾是，在社會的價值觀裡，阿諛奉承或是替人吹噓並不是一種正確的讚美方法。內心充滿正義感的年輕上班族或許會在心中認為「為了博取好感，不得不採取迎合戰略」，但是會盡可能公平、堂堂正正的以業績來爭取上司的好評。進行迎合戰略的過程中會產生抑制效用，所以會使得迎合戰略提早結束。

但是，地位低的人對地位高的人所採取的自我呈現戰略中，還是以迎合戰略為最主要的方法。雖然會產生矛盾，但效果還是不錯。面對上司時，要注意不要產生矛盾，並加以利用。

上司的內心並不希望這是阿諛奉承

迎合戰略的有效性

在公司裡，部下在面對上司時，常常會充分利用迎合戰略。由於上司心裡非常清楚這只是部下的奉承話而已，所以在進行這種戰略的過程中也有困難存在。但是，並不是因此就停止這種戰略。為了得到上司的喜愛，雖然會產生矛盾，但畢竟這個迎合戰略是最有效的方法。

現在就讓我來說明這個理由。

上司雖然知道部下是在阿諛奉承，但是當部下稱讚自己的工作能力或領導能力時，內心並不願相信這只是在阿諛奉承而已。因為他寧願相信這是部下發自內心的話，而不單單只是奉承話。不管是對自己來說，或是在對部下的評價上，這麼做會比較好。當然，對於部下來說，也同樣希望上司能有這樣的心態。

基於這種心理，只要迎合戰略不被拆穿，說話者及受話者兩方都會默默相信這是出自內心的讚美。

由於上司也同樣身為人子，所以也擁有希望被人喜愛、獲得別人好評的社會肯定需求。特別是在日本這種家族式的上下關係中，對上司來說，受到下屬的喜愛成為一個非常大的支柱。

因此，有目的的稱讚及贊同這種迎合戰略的確容易讓人接受，或許多少會有點偏離，但依舊是十分有效的戰略。

八同二異和小異大同的訣竅

迎合戰略的具體策略

從上司的角度來看，部下對於上司所採取的迎合戰略是一種看穿對方目的的作戰。而進行這種戰略是需要下一點工夫的。

無時無刻都一直拚命稱讚及贊同對方的話，相信很容易就會引起懷疑。在進行迎合戰略的過程中，要注意以下三點。

①八同二異

②小異大同

③不要做得過火

所謂八同二異是指如果百分之百贊同，馬上就會讓人發現你是在迎合他，所以要百分之八十贊成，剩下的百分之二十要反對，如此就可以提高你的可信度。但是對於重要的事情如果反對的話，就會導致本利盡失，這時就要做到小異大同了。

小異大同和大同小異的本意不同，所以表現也正好相反。在這裡的意思是指，對於周邊一些芝麻蒜皮的事要持相反意見，而遇到重大問題時就要贊同對方的意見。在小事情上的對立可以刺激對方的情緒，讓對方同意自己的看法，可以說是擁有藥效的功能。

再者，在迎合對方時，要注意不能做得太過火，太過於明顯的讚美及贊同反而會引起上司的反感，因為上司不想被周遭的人認為自己是個無法看穿這種明顯奉承的上司。在這種情況下，比起肯定需求，上司更重視自己的自尊。不要太過做作，自然、謹慎的去執行迎合戰略才能發揮效用。

第五章

客觀地看自己

別揭下成功的面具

自我形象的真偽

在與印象管理及自我呈現的對人戰略有關的演講中，常會提到要如何自由地選擇和管理自我形象。這就好比在舞台上飾演多重角色一樣，依不同的情況及對象來決定自己該戴的面具。

那麼，自己真正的形象到底如何呢？我們都有著脫去面具後的真正自我形象。所謂的自我形象可說是社會下的產物。自我形象並非是藏於密處、難以理解的，而是藉由與他人的交往所形成的印象。常以為自己是戴著面具的，其實顯露出來的卻是真正的自己。在戴著面具與他人來往之際，殊不知面具已經剝落，而露出真正自我的臉。

的確，我們都在實行自我形象的管理，戴著各式面具在社會上行動著。此面具（公開的形象）有成功，也有失敗的時候。當它失敗時，自然就會剝落下來。但如果成功時，此面具就不是面具，而是在人際關係中成為自己真正的臉了。

這意味著印象管理就是如何管理自己給他人的印象，也因此決定自己給自己的形象。

改變職場，改變形象

人際關係與自我形象

在班級或職場上，只要被認為是「陰沈的人」，就算本身的個性再明朗，也難以改變自我形象。即使展現自己原本開朗的一面，也會被他人冷嘲熱諷地說：「不要太勉強自己啦！裝瘋賣傻的……」漸漸地，對自己的形象也越來越沒自信。

但是，學生時期就不同了。以前在學校被說個性陰沈，若是想改變成開朗的個性，可藉由升學或轉學。也就是說，當你身邊的人完全不同時，就可以非常順利的改變自我形象了。若一開始就表現出活潑開朗的樣子，同學怎麼也不會相信你以前在學校時會被認為是陰沈的人。如此一來，對自己開朗的個性就會有自信了。

其實自我形象與周遭的評價有著密不可分的關係。真實的自我形象並非是由一人所獨立出來的，而是由與他人的人際關係中所建立而成的。

社會學者曾說：「自我形象可說是社會上的自己，也就是『鏡中的自己』。」鏡子指的是對方的看法，在對方的評價中形成自我的形象。朋友創造了我們自己的形象，相反地，我們也造就了朋友的自我形象。

成為自己喜歡的自己

創造自我形象

「面試時，請盡量表現出他人喜歡的一面。」、「請盡量說些客套話或是讚美的話討對方歡心。」

某位面試者參加模擬面試時，從講師那裡得到這個結論。參加者就遵照此意見，在面試時盡說些迎合、討對方歡心以及一些難以啟齒的讚美話。

於是，此面試者帶著微笑出來，據說被錄取了，而且受到高度的評價。換言之，此迎合戰略是成功的。之後，參加者一定會聽從講師所給予的個性，其中若是被問到：「你擅長社交嗎？」他必定會回答：「是的！」

那麼，我們來做另一個實驗的假設。假設此面試者同樣接收了講師的迎合戰略去面試，雖然是採取同樣的舉動，但是主考官卻對拍馬屁的行為相當生氣，而且給予此人非常低的評價。之後，若是講師問到此參加者的個性為何時，他就一定會回答：「我不擅長社交。」

藉由這個實驗可以清楚知道，我們在不同的場合中會呈現各種公眾形象，其中受到社會高度評價的形象便會被自己採納，而成為自己的形象。相反地，藉由讚美對方，也可影響到對方的性格發展。

和舉手投足間散發自信的人相處時……

自我評價的變化性

自己對自己的看法稱為自我形象，對於自己的評價稱為自我評價。自我形象與自我評價都是自己對自己的看法，所以是相當清楚、確定的，並非是容易改變的。

自我形象和自我評價不能從人際關係中獨立出來，而是藉由與他人間的關係所形成的。因此，它是固定的、不變的。接著來看看以下的實驗結果。

此實驗假設為工讀的面試情況。當應徵者前來面試時，會先要求其做第一回的自我評價測驗。當他做完第一回的測驗時，來了另一個應徵者。他穿著一身整齊的套裝，而且從他打開的手提包中隱約可看見有兩本哲學與科學的書籍。他身手俐落地拿出自動鉛筆，擺出做好作答準備的自信態度。

第二回的測驗開始了。也是同樣的自我評價測驗。

比較第一應試者在第一回與第二回所做的回答，可看出第二回時的自我形象已明顯下降了。其原因是他被舉手投足間散發自信的應試者徹底壓倒，自我評價急速下降所致。相反地，若他身旁坐的是一位寒酸、衣服骯髒不整，且不修邊幅的應試者，結果他的自我評價一定是上升的。從此實驗便可清楚證明自我評價是從與他人間的關係中所建立出來的。

在考試前日為何還會看電視呢？

自我不利條件

在學校期末考或公司升等考試時，都可聽到各種藉口：「昨晚不小心就看了整晚的棒球節目……」、「昨晚翻來覆去都睡不著……」諸如此類的藉口不一定是編造出來的，有的人是真的做了如藉口所述的行為。

此種行為稱為自我不利條件。

所謂不利條件，是比賽時常用的術語，即為了要平均優劣情勢，而替優勝者設置不利條件。自我不利條件是為了讓自己前進，而事先設置對自己不利的條件。

例如有的人在考試前日，腦中雖想著「一定要讀書」，但腳卻往錄影帶出租店移去，不知不覺就看了一整晚的錄影帶。乍看之下覺得這是愚蠢的行為，其實這就是自我不利行為。

為何要做出此種愚蠢行為呢？原因是當他成績不好時，可用來保護自己不受傷害。換句話說，即使成績不好，也可推卸於「因為看錄影帶」之上，而絕非是自己能力不足所致。

在考試或比賽前常找藉口的人，就是在利用「自我不利條件」這種對人戰略。

突然被說到「你又如何呢？」時……

自我注視

在星期日時，相信有很多上班族都會選擇在家中閒躺一整天。他們不一定是閒躺，大部分都在看電視，而且看的大都是運動比賽之類的節目。

「每到星期日，我老公就整天看電視，特別是運動節目，什麼都不挑，真是煩死了。」常有一些太太會如此抱怨著。另一方面，先生總是一面看運動節目，一面隨便地發牢騷說：「太差了，到底會不會打啊！」這時，若太太從旁冷冷地說道：「那你又如何呢？」時，相信他一定會突然嚇一跳，而回到現實來。

在觀戰運動比賽時，即使雙拳緊握，閒躺在沙發上，也往往容易把自己置身於度外，完全沒有了自己，而一味地沈浸於比賽的世界裡，盡批評選手的缺點。這種現象不僅是在觀看比賽時會產生，像我們平日的生活中也常會只看外在，而忽視了自己本身的事。

所以，突然被說「那你呢？」時，才會回到現實中，反視自己。於是，捫心自問而意識到自己的存在，此行為稱為自我注視。

調整領帶暗示著求愛行動

自我注視之求愛行動

在宴會及酒席上與許多人閒談時，通常不會注意到自己說話的姿態，因為所關心的事在於說話的內容上，而非自己本身。

如果這時他眼前突然出現他心慕已久的異性或是突然被他人指名時，會產生什麼樣的反應呢？如果是男性，會把手放在領帶上確定是否有繫好；如果是女性，會用手去梳理頭髮。

這是因為原本他的注意力是放在自己本身以外的人與話題上，因其他因素而使態度一百八十度轉變，也就是立刻注意到自己本身的狀態。一旦產生自我注視，就會在意周圍的人如何看自己。因此，便會去整理自己的服裝或眼鏡。像這類的行為就好比鳥類用自己的嘴去整理羽翼一般，稱為求愛行動。

此類的自我注視多半是因為被周遭的人或異性注視，以及突然被他人指名時所產生的。另外，想再次引起對方注意及表現自己時，也會產生自我注視的行為。

特別是想主張自己或是將注意力移轉到自己身上時，就會自然地停止與對方的談話，而開始產生一些行為。這時就會做出如調整領帶、站姿，或是梳理頭髮等的行為。

這和動物為了要引起對方對自己的注意所產生的求愛行為一樣，稱為擬似求愛行動。

所以，若是突然看到誰做出像這類的「求愛行動」時，也可以想成他「可能有什麼企圖」吧！

哈日族注意——有所謂的標準語嗎？

「語言」因地區的不同，其方言也會有所不同。而共通語包含了鎖閉式方言和開放式方言。

共通語的定義在於「同一種國語圈內，為了能傳達不同地區的人們想表達的意思，而使用具有共通性、能理解的語彙」。

雖然這和標準語的意義幾乎相同，但標準語真正的含意若是解釋為「能更簡單地了解，而且是符合現代社會的習慣及規範的正確且漂亮的語言」，那麼共通語是實際存在的，而標準語則是不存在的。

《自我注視的求愛行動是引起自我主張及行動時的準備》

曾經在電視情節中看見自己的影子嗎？

客觀性的自我注視

家庭電影院已經越來越普遍了。相信有不少人曾在電視情節中看見自己所反射出來的影子。在映像管中看見自己所反射出來的影子是如何的呢？自己滿意嗎？

我想大部分的人應該都是不滿意吧！一定會有人認為「我應該會更不錯才對」、「我不喜歡電視情節的影射」，因而覺得不舒服。

當你客觀地將自己的姿態當作他人來看時，稱為客觀性的自我注視。通常我們的眼睛都是朝向外在的，逛街、工作、看電視、看報紙或是與他人聊天時，我們只看見外在的人、事、物，而忽略了對自己的注意。

那麼，什麼時候才會產生自我注視呢？如上述所言，看見電視上反射出的自己或是看到自己的照片時，或者是在大鏡子前看見反射出的自己等等的時候，都會產生自我注視。另外，在錄音機中聽到自己的聲音時，也會產生自我注視。這時，可能會覺得反感或是很尷尬，那是因為我們會認為自己的形象一定是相當不錯的。然而，當發現自己所刻畫出如演員般理想的形象卻和自己實際所看到的形象有一段距離時，便會因而感到衝擊。所以在客觀性的自我注視之後，大多數的人會貶低自己的評價，心情當然就會不好了。

但是，其中也可能因為對自己的外表有自信，常於鏡中看自己的外表，藉著客觀性的自我注視而讓自己更有自信，進而提升自我評價的人也不少。

當你成為矚目焦點時

自我注視的逃避

相信有很多人都不擅長作自我介紹。當照順序作自我介紹而快要輪到自己時，一定會恨不得立刻逃離現場吧！但是，這種情況還算好，若是自我介紹尚未開始，突然點到「那就從成田先生開始作自我介紹」的話，一定會覺得每個人的眼睛都盯著自己看，因而覺得不安。

當你在作自我介紹或是站在台上面對大眾演說時，也就是當周圍的焦點全集中在自己身上時，我們一定會把注意力轉向自己。當你產生自我注視時，就會在意周圍的人是如何看自己的，若是太過於在意，就會產生自我意識過剩的狀態。

當自己與他人一樣從外側檢視自己時，最在意的一定是自己的儀容。可能會產生「頭髮有沒有梳整齊？」、「衣服有沒有縐折？」等的自我注視，於是便開始用手去梳理頭髮、整理服裝，或是端正自己的姿勢。

自我注視的產生除了相當有自信的人或是自我表現慾強的人之外，一般的人大多會產生想逃的意念。

當藝人在逛街時，為了避免引起不必要的麻煩，都會戴太陽眼鏡或是穿不起眼的服裝。這是為了避免自我注視的產生所做的保護行為。

日本的典禮儀式為何如此形式化呢？

自我注視所產生的自我規制

工作時，難免會有需要站在人前說話的時候。例如，在會議中提議自己的企劃案時，或是集合工讀生指派工作時，或是於產品發表會上解說產品時等等的情況。這時就會產生強烈的自我注視，甚至會有想逃離現場的想法。但是，卻無法逃避，只能豁出去了。

在此自我注視中，因自我意識過剩而產生的行為有什麼特徵呢？因自我注視而產生的行為中，以自我規制最為強烈。他會希望自己所做的行為都可以符合社會的標準或是社會所期望的行動規範，而且希望能做出符合理想中的自我形象。

這是因為自我注視會讓自己的注意力從外側回到自己身上，以社會性的眼光來檢查自己的行為是否正確，因此便產生自我規制的作用。他會變得比平常更在意別人如何看待自己，並希望他的一切舉止都可以「不會令人貽笑大方」，所以他會以社會所期望的標準為優先，壓抑自我主張。

在日本的典禮儀式中，打招呼的方式之所以會如此形式化，可以說就是此原因造成的。我認為日本人的自我注視作用應該會比其他的國家還要強烈。也因此會產生自我意識過剩，自我規制作用也會增強，所以在正式的場合上，一切的行為舉止都會變得相當形式化。

看見鏡中的自己

鏡中的自我注視效果

以凡爾賽宮為主的西洋藝術館或宮殿中，都會裝飾很多鏡子。一旦站在四面都有鏡子的房間中，不管客人處在哪一個角度，都可以從鏡中看見自己的一舉一動。即使沒有如此豪華的鏡間，只要擺上一面鏡子，「客人」的行動就會產生變化。

以智力測驗成績較差的學生做以下的實驗。讓他坐在實驗室中，然後對他說：「測驗者會在五分鐘後到，若是他在五分鐘後還沒來，就不用等了。」

事先準備兩間房間，一間裝有一面大鏡子，讓他在坐著時可以看到自己。被帶到裝有鏡子的房間的學生會開始直視自己鏡中的模樣，此時他便開始產生自我注視的作用，當五分鐘過了之後，他就立刻離開此房間。

另一方面，待在另一間沒有裝上鏡子的房間的學生即使過了五分鐘後，也不會立刻離開。比較此兩者的情況，我們可以發現鏡子會促進自我注視的產生，而逃避的傾向也會變強。

十月三十日的夜晚是美國的萬聖節，小朋友們會打扮成各式各樣的裝扮到每一家去索取糖果。這時，某一戶人家在糖果盒前放了一面大鏡子。於是，小朋友即使想要大把地抓起糖果，也由於看見鏡中的自己，所以一個也不敢拿。其實連小孩也會因為看見鏡中的自己而約束自己的行為。

在外國看見日本國旗時

人數比及自我注視

在完全只有女性的場合中來了一位男性，或者在完全只有男性的場合中來了一位女性，他（她）一定會比平時更加緊張，而產生強烈的自我注視，並造成自我意識過剩的現象。

在集團或組織中所產生的自我注視，通常都與人數比有極大的關係。處於少數團體者比較容易產生自我注視。在外國人或是男性職場中的女性，或是在女性職場中的男性，也就是處於少數團體者以及少數民族者，其自我意識的程度會遠超過多數人一方所能想像的。

雖然在海外生活的人愈來愈多了，但是這些人都會異口同聲地說：「到了國外之後，才第一次意識到自己是日本人。」或是「第一次感受到從心底湧上來的愛國心。當我看到日本國旗時，突然流下眼淚，連自己也嚇了一跳。」因為在外國感受到自己是日本人的意識比國內要高出許多。

這是因為我們是從外側來看日本的緣故。在外國生活的自己由於是處於少數團體，所以與處於日本國內的自己是不同的，通常都會產生強烈的自我注視，而意識到自己是日本人這件事。

在海外出差的會議中，可能會只有你一個人是日本人的情況。這時，便會意識到自己的言行舉止背負著日本的名聲。因此，自己會規制自己「不可做出有辱日本名聲的事」。但是，若是團體中全都是日本人時，此作用就會停止；相反地，可能會做出「旅途之恥不需在意」的行為。

「旅途之恥不需在意」的海外旅行

集團中的沒個性化

「海外旅行時，自我規制會變強嗎？這是不可能的！去東南亞旅行的日本男性不用說有何規制可言，只能說盡做些可恥的行為。而且最近去夏威夷旅行的女性，其評價也有降低的傾向。」

雖然我曾說過出國時會產生自我規制作用，但只限於單數或極少數者的身上。的確，誠如「旅途之恥不需在意」此句所言，在旅行中想要解開平時的枷鎖，好好地放鬆自己、解放自己的情緒會愈來愈強。

出國時會產生自我規制的作用，是因為意識到自己是處於少數團體才開始產生自我注視，沒有去過國外的人是不會產生的。若是跟著團體一起去旅行，根本不會意識到自己是屬於少數團體。因為在日常生活中，很少會有五〇人或是一〇〇人的團體一起行動的機會，而大家都已經習慣處於集團的意識之中。

所以，在多數人當中，根本不會意識到自己是一個人這個事實。因此，自我注視就會減弱。如此一來，自我規制便會跟著降低，而從社會性的規範中解脫出來。在集團中的自己是不會意識到自己的存在的，所做出的行為也會跟著集團一起行動。這可以說是沒個性化的狀態。

檢查自己自我意識的程度

自我意識測驗

以下各項目中，符合自己的請打○，不符合的請打×。

□ (1)我會在意別人是如何看待自己的
□ (2)我常會思考自己本身的事
□ (3)我總是會擔心自己是否能留給別人好印象
□ (4)我總是會在意自己的感情
□ (5)我會在意別人對我的看法
□ (6)我總是會想自己希望做什麼
□ (7)我總是會在意自己的外表
□ (8)我總是會注意自己心情的變化
□ (9)出門前，我一定會先照鏡子
□ (10)遇到課題時，會在意自己的情緒走向

回答完問題後，請分別統計奇數項打○及偶數項打○的數量。

奇數項打○的數量是表示外在自我意識的程度。此數量愈高的人（4～5個），其客觀性的自我注視愈強。

偶數項打○的數量是表示內在自我意識的程度。此數量愈多的人（4～5個），比起他人的事或是人際關係，更在意自己內在的世界。

名牌族

外在的自我意識

外在自我意識高的人（前測驗中奇數項打○數高達4～5個的人），其客觀性的自我注視有較高的傾向。對於自己本身的形象以及他人如何對待自己的方式都相當在意。

因此，會極力想建立起良好的形象，也會去討對方喜歡，相反地，也希望能得到對方的喜歡。所以，他多半會採取與對方相同的意見或是行動，亦即會習慣採取迎合對方的戰略。

外在自我意識高的男性會相當在意自己的服裝及髮型，應該算是屬於名牌族的一員。而女性則是不管其外在自我意識的高低，全都對自己的服裝及髮型相當在意，所以沒有什麼差別。但是，從此點可看出女性在注意服裝及髮型的這點上，其自我注視都比男性高。

外在自我意識高的人在待人處事上相當敏感。很在意別人是如何看自己的，且會依別人對應的方式去改變自己的行動。例如，如果對方很冷淡地對待自己，自己也會很冷淡地待他，或是當場就不理他。

外在自我意識的強弱會影響對人的處世方法。但是當你站在鏡子前或是面對鏡頭時，還有當你面對上司時，依狀況的不同，有時外在自我意識低的人也會產生強烈的自我注視。

總是在意上司的眼光

縱向社會的自我注視

請先回答以下幾個問題。

⑴我會在意上司對我的評價嗎？

⑵我總是會擔心能否給上司好印象嗎？

⑶我會在意如何表現給上司看嗎？

⑷我總是會在意自己在上司面前的打扮（服裝）嗎？

這些問題是從自我意識測驗（162頁）中挑選出有關外在自我意識的項目，只是從〈對人的關係〉的表現改為〈對上司的關係〉而已。結果如何呢？

如果你是普通的上班族，答案一定幾乎都是YES吧！若是有「我根本就不在乎上司的看法」的人，應該說他是天才，還是說他根本不配當上班族呢？上班族在上意下達的人際關係的組織中，工作時若不在意下達指令的上司的眼光，就不能很順利地進行工作。

在上下關係強烈的縱向社會的日本，上班族不得不將外在自我意識提高。特別是在與上司的關係中，提高外在自我意識會使得自我注視的作用也跟著提高，而且這樣做對自己會比較有利。

相反地，在與部下的關係中，此意識會變得比較低，這可說是縱向型人際關係的特徵。可是，必須要注意的是，完全不反省自己的課長是得不到部下的喜歡的。

優質的變色龍人類

自我監控能力

有一種人不管和誰都可以講得口沫橫飛，像電視節目的主持人就是這種人。對於剛性的人、柔弱的人、有男人味的人、有女人味的人、認真的人、隨便的人、學者、藝人、商人、政治家……等等，都可以迅速地讀取對方的想法，進而與他有說有笑，或是與他一同哭泣。

天才主持人靠的不是演技，而是在有需要的時候，就得變成笑匠或是哭匠。如果靠演技，很容易被識破。所以厲害的主持人會視當時的情況及對象的不同，對應地改變自己。他會察知符合對方最好的對應方法，然後再調整自己去配合對方。

因為變色龍可以視場所的不同而調整自己身體的顏色，所以像這樣的主持人可以說就像變色龍一樣，可以配合狀況及對象的不同，無意識地調整自己的狀況。所以，他不管和誰都可以維持良好的人際關係。

我們將此種能依情況及對象的不同，當場立刻採取行動的對應能力，稱為「自我監控能力」。有此能力的人，其待人處事的適應力都是超群的，相當適合從事大眾傳播業、服務業，或是政治家等等需要能在短短的會面中建立友好人際關係的工作。但是，被他人稱做是變色龍之類的話，並非是什麼讚美的話，請注意不要因此而被他人討厭。

檢查自己的變色龍程度

自我監控的尺度

符合以下項目的請打○，不符的請打×。

□ (1)我可以和自己不喜歡的人聊得很親密的樣子

□ (2)我會盡量在聯誼會或宴會上不出風頭

□ (3)我能配合對方的話題聊天或採取行動

□ (4)我不擅長模仿別人

□ (5)我在不知道該如何做時，會看他人的行動且配合得很好

□ (6)我不擅長去討別人歡心

□ (7)我覺得自己適合當藝人

□ (8)我不會為了討對方高興而改變自己的意見

□ (9)就算聚會不有趣，我也能表現得相當快樂的樣子

□ (10)我不擅長配合他人的狀況而改變自己的行動

回答完問題後，奇數項打○、偶數項打×各得1分。最高分10分，最低0分。

分數愈高，表示你的自我監控能力愈高，也就是屬於所謂變色龍型的人。

「見機而行」的監控型人類

自我監控型人類

自我監控型的人類能迅速採取順應狀況的行動，而且能快速察知對方的想法，然後再做出適當的行動。

這種人不僅外在自我意識高，且可依狀況找出適合的行動，然後加以實行。其特徵主要有以下四點。

①與人相處時，相當重視臨時狀況所需採取的行動。

②可以立即察覺他人的行動為何，而後做為參考。

③順應狀況，可以說是行動的寶庫。

④有視情況的不同而改變自我表現的能力。

在此做了一項比較自我監控力高低的實驗。首先，用V8拍攝多數人在討論的場面，然後再放映。在他們討論之前，先對他們說之後會將參加者彼此討論的畫面放映給大家看。

自我監控力高的人只要在第一次看見其他的參加者，就可以在討論的時候順應對方的話題，採取相當迎合且善意的回應。另一方面，當他知道討論的情況會被放映出來時，他會以獨立且不同調的姿態進行議論。

然而，自我監控力低的人不管在任何場面上，都會採取一貫的態度進行討論。由此實驗可知，自我監控力高的人是屬於狀況適合型的，而自我監控力低的人則是屬於自我一貫型的人。

自我監控型的人是適合都會的

自我監控型人類的問題點

在只有一次的會面中，當時的交際或是短期間的表面化關係對自我監控型的人而言，是能夠完全發揮其才能的場合，他不僅可以討對方的歡心，也可以建立起深入人心的人際關係。

在交通發達、通信器材普及、都市發展快速的現今狹窄世界中，人與人之間的關係已經愈來愈表面化。

像這樣的現代社會的人際關係，可以說是最適合自我監控型的人了。實際上，這樣的人多半是活躍於大眾傳播界或是常飛往世界各地的國際人。

但是，自我監控型的人也有缺點，那就是太過於善變。在一般的日常人際關係上，重要的是一貫性。以長時間交往為前提下，依場合、狀況、對象的不同而改變自己的意見及態度的人，是無法獲得他人的信賴的。

與他人長時間交往的基本條件，即在於不變的一貫性。自我監控力高的人必須要注意此點。凡事順應只會讓人容易對你厭煩，在重要的時刻也不易獲得他人的信賴感。特別是日本人必須要好好學習一貫性的態度。

想討對方歡心反而被討厭

社會的認同欲求

我們都希望能被他人喜歡，因此常會去讚美對方，或是採取迎合戰略。但是，這就是人際關係不易之處，當你太過於頻繁使用迎合態度時，反而不被對方喜歡。不僅不被喜歡，其人格的評價還可能會降低而被討厭也說不定。

所以，希望被喜歡、希望被認同等欲求高的人，結果卻往往不被喜歡。

像這種社會認同欲求強的人非常害怕被他人拒絕，因此無法主張自己想表達的意見，或是積極採取行動。結果是與人相處時，態度相當拘謹、安靜，且盡做些與他人同步調的事。相當擔心會被他人討厭，因此無法表現自我的特性。只會光想像事前的一切計畫卻不會去實行，於是不安感愈來愈高，態度也變得愈來愈迎合。結果，人際關係也愈來愈惡化。

想要有技巧地進行形象管理，必須要客觀地判斷周圍的狀況，採取適當的對人戰略。若是太過於在意如何去討他人歡心，只會讓人際關係無法順利展開，而這也是不受他人喜歡的原因之一。

曾經撒過謊嗎？

社會認同欲求的小測驗

社會認同欲求強的人
講真話的人反而容易獲得他人的好感……

在此測驗你的社會認同欲求的程度。

(1)當事情無法順利進行時，會非常生氣。

(2)從未撒過謊。

(1)回答NO而(2)回答YES的人，社會認同欲求相當高。兩者的答案都是希望能得到社會的認同感，其實這是不可能的。明知道這是不可能的，卻還是希望能表現出符合社會上的需求。其社會認同欲求可說是相當高。

但是，此欲求過強反而會在人際關係上產生減分的效果。回答此答案的人最好能正確地闡述自己的意見，請記住這樣會比較能獲得他人的歡心。

日常生活的小插曲

社會性小插曲

在人與人的關係中，為了能做好自我形象的管理、呈現適當的自己以及採取有效的對人戰略，如何正確地掌握自己所在的社會狀況是非常重要的。

那麼，我們要如何去掌握日常生活上的人際關係呢？我們每天都會遇見各式各樣的人並採取各種行動。雖然每天好像都過著不同的生活，但實際上我們幾乎都做著重複相似的行為。像這樣不停地重複日常性例行公事的社會性活動，可稱為「社會性小插曲」。

我們都進行著什麼樣的社會性小插曲呢？所謂的社會性，指的就是人際關係，所以讀書和刷牙等瑣事是不包含在裡面的。我的情況是，去上上課、出席教授會議或是與學生吃吃飯等等。如果是上班族，可能是出席企劃會議、與買方談生意、打打商業性的高爾夫球，或是與同事去喝喝酒等等。

從此點可以知道，我們每天過的是一種重複性的行為。在不變的行動當中，做出不變的效用。若能察覺此點而去好好整理自己周遭的人際關係，便可做出更適合的形象管理，且可採取完善的對人戰略。

社會性小插曲的作成法

自我社會性小插曲

想要順利維持人際關係，首先必須要知道日常生活上各種社會性的狀況，以及採取何種的對人行動。在此整理出以下各自的自我社會性小插曲。

①請先回憶這兩、三天所做的事情。那一天從早到晚與誰做了什麼事，請詳細地寫在卡片上。對象、時間、地點、花了多長的時間、做了什麼事等等，都要詳細地記下來。我想大概可以寫上10～15張卡片吧！你所記下的事情就是社會性小插曲。

②做完了①之後，將這兩、三天沒做，但卻是日常生活中可能會做的社會性例行公事想出來，然後寫在卡片上。我想全部寫完可能會有30張吧！這些事就是你自己日常性的小插曲。

③接下來整理這些卡片。將這30張卡片攤開放在桌上，將自己認為相似的卡片分別放在一起。由你收集和分類的方法就可以看出你的人際關係的情況。你的卡片呈現出什麼樣的小插曲呢？

工作、茶會、賞花、約會

社會性小插曲的分類

若綜合來看日常生活中的社會性小插曲，大致可分為以下四大類。

①偏向工作或是偏向情緒化

此分類是以上下班為區分，也就是以時間為區分。偏向工作的社會性小插曲寫的幾乎是辦公室內的工作及交涉。另一方面，偏向情緒化的社會性小插曲寫的幾乎都是與同事們去喝酒時所發生的事。

②緊張型或是輕鬆型

當面臨第一次接觸的工作或是一份大的契約時，會變得相當緊張且不安。不僅是在工作上，連第一次約會也是一樣，寫的盡是緊張型的社會性小插曲。相對的，若寫的是部門內習慣的工作或是賞花之類的事，就屬於輕鬆型的社會性小插曲。

③有趣？還是無趣？

即使是上班或下班時，也有有趣的社會性小插曲，和無趣的社會性小插曲。

④重要的？還是無關痛癢的？

對每個人而言，都有屬於自己非常重要的工作或是活動，可稱為自我關係的高社會性小插曲。另一方面，也有如在茶店喝茶、聊天等無關痛癢的小插曲。

像這些社會性小插曲會依每個人重視的程度、文化和世代的差異而有所不同。

即使是在同一地點、同一體驗，每個人所認知的觀點也會有所不同。

所以，想要了解這些不同點，必須要多多接觸不同世代及不同文化的人。

《你重視何種小插曲呢？》

第六章

喜歡對方的原因

用15分鐘來分析生活

人際關係的生活佔有率

對我們而言，人際關係是否佔了相當重要的部分？在此以心理學來比較日常社會生活中人際關係所佔的比率。

此方法是將一日分成15分鐘來計算，然後寫成日記。因為這是本身即可完成的工作，所以不妨試試看。首先，將每天分成15分鐘來思考你和誰在哪裡做了些什麼事，或許有一些事是難以對別人開口的，但是其行動大致可將人際關係分為四類。

①獨處時的自己。

②和一位同性相處時。

③和一位異性相處時。

④處於同性團體之中。

⑤處於同、異性團體之中。

②～⑤項是屬於人際關係的時間，所以②～⑤項中所佔的比率就是人際關係的比率。我想其比率應該相當高吧！而③和⑤項則是屬於與異性間人際關係的指標。根據美國的調查指出，在醒著的時候只有一個人的佔25％，剩下的75％都是處於人際關係的生活圈裡。

附帶一提，第②項和一位同性相處時佔了15％；第③項和一位異性相處時佔了12％；第④項處於同性團體之中的時間佔了17％，還有第⑤項處於同、異性團體之中的時間佔了30%。

在日本，我想與人相處的時間應該更多吧！而且與同性相處的時間比率應該會比較多。其實這些調查只是要再次地告訴我們要如何在人際關係中生活。

《人類在日常生活中，
有75%的時間是在人群中度過的》

寵物風潮與兜售

都市型孤立狀態的危險性

常聽人說「人際關係真是一門很深的學問」，但人還是脫離不了人際關係。因為我們不能在孤島上一個人獨自生活，而且這樣的生活也不有趣。

雖然有時會覺得人際關係相當棘手，而有想「獨處」的時候。但是，若真的遇到海難而只有你一個人漂流到無人孤島時，像這樣的孤獨生活相信你一定不會覺得快樂吧！如魯賓遜漂流記一樣，只有一個人的時候，因為太過於想念人類的生活，所以會把身旁的動物當成朋友，模擬人類的社會生活。

但是，也有人將現代的都市生活稱為過密的孤獨生活，從養寵物的風潮中就可以窺知一二。有許多人會很正經地回答你說：「比起人類，貓咪還比較可愛呢！」而這就好比是虛擬的人際關係的生活。

在心理學上，曾作了人類孤立時的心理實驗，其結果因人而異。一旦人際關係消失時，每兩、三天就會做白日夢，然後產生幻覺，或是自言自語等等與平常生活不同的言行舉止，而且非常容易受到外界的影響。

都市生活中難免會有些電話的邀約或是兜售的情況發生，雖然有時候會覺得很煩人，但若是人際關係較深的人，就不會被這類的誘惑吸引；而人際關係較淺的人，就很容易受到外界的任何因素所影響。為了不要產生這種現象，善加維持人際關係是有必要的！

為什麼人類需要人際關係呢？

人類是群居性動物

為什麼人類需要人際關係呢？其理由有以下五點。

①群居性（社會性的動物）
②學習性（強烈的求知性）
③比較性（社會性的自我確認欲求高）
④合作性（社會的交換性）
⑤親和性（擁有充分的親和欲求）

第①項的群居性是指，人類原本就是社會性的動物，由於生活在部落之中而漸漸進化至今，所以本能性地就適合與人類一起生活。個人的自由與獨立的觀念是近百年來的思想產物，然而群居性則是數百萬年前舊有的習性。

第②項的學習性是指，在嬰兒時期，人類藉由依偎在母親的懷抱中而得到安全感，兒童時期也由於與他人一起生活而能得到心理上的滿足感。所以，人類是適合一起生活的。

第③項的比較性是指，為了要了解自己，會從對方的言行舉止中看出自己社會性的價值。藉著與他人的比較而了解自己的位置，滿足自我確認欲求。

第④項的合作性是指，人類從事任何活動，都需要他人的協助。人類會以自己所擁有的有形或無形的物品作為交換物，故人際關係對人類而言是非常重要的。

第⑤項的親和欲求是指，人類在不安時可藉著與他人在一起而獲得安全感。所以，人類是需要人際關係的。

哈日族注意——片假名的改變

片假名一般是用來表示外國的地名或是外來語、擬聲語等。

但是，最近的年輕人卻有胡亂使用的傾向。年輕人所使用的片假名可分為以下三種。

①用於表示負面情感的用語。（例如：討厭或是過份）

②口語的表現。

③為了強調或是加強語氣。

《大家生活在一起，
就沒什麼好怕的了……》
群居性是
人類的本能

從毫無關係變成戀人的人際關係的五個階段

人際關係的發展階段

我們在不同的場所中會擁有不同的人際關係。在不同的人際關係中，兩人關係的深淺因人而異。從人際關係的深淺上，可以用不同發展階段來表示。

我們可將兩人的關係用心理程度的深淺做為基準。此基準是好感和關聯性，也就是對彼此間存有多少好感，以及彼此間有多少關聯性。其發展的階段可分為以下五個階段。

第0階段　毫無關係（無任何接觸）
第1階段　單方面的認知關係
第2階段　表面性的接觸關係
第3階段　初期相互接觸的關係
第4階段　後期相互接觸的關係

第0階段的毫無關係是指，像在擁擠電車中的陌生人或是坐在電影院裡的觀眾，彼此間並無任何關係，也不想有任何關係。從你身旁擦身而過的人不知有成百上千人吧！這些人對我們而言，都是處於第0階段毫無關係的人。

日本人口高達一億人，東京就有一千萬人口。而在這茫茫人海之中，認識的人只是滄海一粟，所以我們更要去珍惜這些不易的緣分。

這個人看起來不錯喔！

人際關係的深淺・第一階段

人際關係發展的第一階段就是從認識開始，也可以說是單方面認識的關係。在茫茫人海之中，有時候會覺得某人不錯，而會多注意他，想去認識他。雖然你知道他是誰，但對方卻不知道你的存在。許多人際關係都是從單方面的認知階段開始展開的。

剛轉業的上班族、剛換班級的學生、剛進社會的新鮮人等，都是處於此階段。在職場或班上想找人說話時，一定會找看起來容易聊天的人下手，這時突然看見自己心儀的對象時，就會直盯著他看。

像這種狀況時，一定會想引起對方的注意，或是想建立起關係，主要的要件有以下兩種。

①物理性的接近

②外表的魅力

剛進入新環境時，首先接觸的一定是你鄰座的人，或是前後左右鄰近的人。接下來會引人注目的條件在於外表顯眼、有魅力的人。大多數的人會想與這種人建立人際關係。

但是，有的關係只能停留在此階段。例如，歌星和歌迷間的關係、演講者與聽眾的關係，或是單戀的男女關係等等。

剛開始會表現出拘謹、嚴肅的態度

人際關係的深淺・第二階段

人際關係發展的第二階段已從單方面的認識轉變為彼此間的表面接觸認識。一般的接觸通常是從表面性的形式化關係開始建立的。

如果你是上班族，此階段就是你剛進入公司遇見上司的情況。身為新進職員的你，相信一定是表現得相當拘謹，而且回答問題也相當簡短有力。

剛開始的接觸就如教科書所說的，必須要符合社會的規範，禮儀也要正確。

決定此第二階段的重要條件在於外表的特徵。

①規範性的行動（職責上的行動）

②外表的魅力及服裝

③言行舉止

剛開始都是以形式化的招呼語為主，但漸漸地就會加進個人的感情，也愈來愈有個人風格。同時也因為發現對方的個性而加深對對方的好感，慢慢地就會產生相互性的接觸關係。

只處於第二階段的人際關係也有很多種情況。例如，乘客和服務員的關係、業務員和客戶的關係、廠商和員工的關係等等。

不是同事、同學、戀人關係的朋友

人際關係的深淺‧第三階段

人際關係可以說是在第三階段的相互接觸關係中，才開始進入人類的、個人的關係。也就是說，在有關係的兩人間產生了心與心的結合和感情的結合。

即使是一開始關係就不好的上司和新進職員，只要過了半年，彼此的關係就會漸漸改變。在上司越來越有上司架勢的同時，對待下屬的方法也漸漸加入了該上司本身的個性。另外，在新進職員漸漸進入狀況的同時，在和上司交往時也應該會發揮他自己的個性。

從這時才會開始將對方當作是一個擁有獨特個性的人，然後以互相的好感為基礎開始交往以及加深彼此的人際關係。

在這個第三階段（初期相互接觸關係）中決定關係的主要因素，可以分為以下兩點。

①相互類似性

②相互利益性

在這個階段裡，兩人對話時，通常都會針對彼此的狀況、意見以及態度等各種不同的話題來談論，雖然如此，兩人所談論的話題還是有所限制。兩人談論的幾乎都是天氣的話題、職業棒球的話題、明星的話題、電視的話題，以及最近發生的社會事件等等，不太會談論更深入的話題。如果能從這樣子的話題中找到兩人的相似性，然後增加兩人之間的相似性，彼此的人際關係就可以進入更深一層的階段了。

另外，在這種關係裡，兩人會互相評價對方、讚美對方、交換禮物等等，透過這些動作來得到心理報酬，兩人之間的好感就會越來越深。

不是戀人關係的男性朋友和女性朋友，以及不是親屬關係的同事、好朋友、普通朋友的這種人際關係，是一種停留在第三階段的人際關係。

〈如果進入個人關係……〉
如果兩人之間存在著相似性，就可以進入更深一層的階段。

學弟、好友、戀人、夫婦

人際關係的深淺・第四階段

在同學及公司的同事中會產生朋友，而在朋友中會產生親密的朋友。好朋友、戀人、心靈相通的夫婦、學長及學弟、上司及下屬等，這些少數的親密關係中，擁有著後期的相互接觸關係。

大部分的時間都是兩人一起度過、從事同一個活動、擁有同樣的體驗、共同擁有相同的感情，所以兩人是處在一種相互依賴性非常高的關係裡。不僅親密性高，彼此對對方的關心及共鳴度也相當高。由於兩人的一體感相當強烈，當兩人在一起時，並不會使用「我」這個字眼，而是使用「我們」，如此可以表現出兩心已融為一體的感覺。

如果要說明後期相互接觸關係這個心理學用語的特徵，可以分為以下三點。

(1)參與性（關心及共有感）
(2)承諾性（相互依賴性）
(3)對稱性（平均感）

在這個階段裡用來決定關係的因素為以下三點。

①自我提示性
②一體感的提高
③互補性

在後期相互接觸關係中，是以兩心彼此親密的結合為核心。決定兩心是否結合的因素是，在一開始會對對方敞開自己的心胸到什麼程度，也就是第一點自我提示性的程度。

另外，在登山時一起共患難等這種可以提高兩人一體感的行動或事情，可以加深彼此的關係。這就是第二點所說的一體感的提高。

再者，透過從事共同的活動，不僅可以增加兩人之間的相似性，也可以彼此互補，總之，第三點所說的互補性可以加深兩人的關係。

喜歡及討厭的人際關係

對人好感的重要性

人都會追求人際關係，但並不是說對方是誰都無所謂。人們往往還是比較希望和自己喜歡的人擁有關係，不知不覺就會互相接近。

那麼，我們到底會對什麼樣的人產生好感呢？或者，在什麼時候會喜歡上一個人呢？人際關係是互相的。如果只是喜歡一個人，兩人的關係是不會加深的。必須要對方也喜歡自己才可以。那麼，什麼時候才會讓人對自己擁有好感、受到對方的喜愛呢？

對於決定好感的因素的認知，在人際關係的理解上是非常重要的。另外，當你想要加深人際關係時，如果知道受到別人喜愛的重要因素時，就可以充分利用。然後透過這一點，創造出更好、更深厚的人際關係。

會為人際關係煩惱的人，大部分的原因都是內心同時存在著對人的好感及與之相反的厭惡感。「沒有人會喜歡我」、「我喜歡的人不喜歡我」、「每個人都討厭我」等煩惱。

這些問題雖然無法簡單的解決，但透過對於喜歡及討厭的因素的了解，可以理解這種煩惱，進而想出解決的方法。以下我想要針對決定好感的因素來做更具體的說明。

每個階段中決定好感的重點

對人好感的決定因素表

在此，我將對人好感的決定因素統合起來，然後呈現出來。可分為喜歡上一個人時，以及受到他人喜愛時的一覽表。

人類間的好感及關係性可以加深彼此的人際關係，透過這個觀點來對人際關係加以分類的這種作法，就是之前所提到的人際關係發達的五階段說。我們對一個人產生好感，就會想接近他，然後兩人之間就會產生人際關係，並且漸漸加深彼此的關係及好感……當人際關係發揮這些功用時，就可以使兩人的關係更加深厚。

以上所舉的決定各階段關係的因素，也就是決定好感的因素。在此將其歸納整理如下。

第一階段（單方面的認知關係）

(1)物理性的接近距離

(2)外表的魅力

第二階段（表面的接觸關係）

(3)規範行為

(4)外表的魅力

(5)遣詞用字及禮儀

第三階段（初期的相互接觸關係）

(6)相似性
(7)社會交換性
第四階段（後期相互接觸關係）
(8)自我提示性
(9)感情一致性
(10)互補性
在後面我會針對(1)～(10)的各個項目，具體的介紹決定好感的條件及狀況。

朋友隨時都會在你身邊

物理性的接近

可笑的是，一開始創造出人際關係的契機並不是心，而是兩人間物理性的距離。在自己的朋友中選出五個人，然後請思考和這五個人成為朋友的契機是什麼。高中時代坐在斜對面的人、大學的開學典禮坐在隔壁的人、在公司同一部門的人、住在附近的熟識、一起去外國旅行的人……等，我想應該有許多人是由於以上這些各種不同的相遇情況而成為朋友的。

兩人必須要相遇，而相遇是透過兩人偶然住在附近等這種物理性的接近所產生出來的。我們不可能和住在地球另一端的人成為朋友，我們會和住在附近的人產生人際關係，然後變成朋友。因此，現實生活中兩人之間的物理距離是相當重要的。

但是，這種距離感並不單單只是物理性的長度而已。鄰居間很容易產生人際關係，座位在隔壁的人、住在隔壁的人、房子離了幾十公尺的人，都是這裡所謂的鄰居。雖然和坐在旁邊第三個位置的人的距離比住在隔壁的人近，但是並不會忽然隔著中間兩個人對坐在第三個位置的人說話。

在這裡不單只是物理性的距離而已，心理性的距離感也發揮了作用。當我們面對感覺接近的人時，首先會和他說話，因為這是最輕鬆的事。當你想要和不認識的人產生人際關係時，到那個人旁邊是最好的方法。

五百公尺的戀愛

親近性與戀人的關係

不知道你是否有聽過「五百公尺的戀愛」此一用語。最近的戀愛傾向大多是與自己身旁的人談戀愛，也就是說，其對象多半是自己日常生活或職場生活中約半徑五百公尺之內的人。

現代的社會已急速往資訊化社會和高速機動性的社會發展。相較之下，戀愛的圈子則漸趨狹小。從半徑五百公尺的戀愛傾向中，我們可以發現人與人之間的親近性已逐漸變得重要。

但是，這並非是現在才有的現象。在社會心理學剛成形的二十世紀初，美國的心理學者就曾研究過五百公尺的戀愛。他以費城市公所中五千人的結婚證書來作研究調查。發現距離與結婚數恰成反比，距離越遠，結婚數越少；距離越近，結婚數越多。

我將此現象稱為世紀的戀愛。從統計的數據來看，此一模式大概是先與自己身旁的人成為朋友之後，然後產生好感，進而戀愛而後結婚。

反觀之，即使你沒有如藝人般的英俊或美麗，仍是有機會的。只要多去接近你想接近的人，成為戀愛的機會就會提高。因為戀人只有一個，不妨多交幾位朋友從中做選擇。

為什麼會開口和鄰近的人說話呢？

親近性的心理因素

為何人們容易與鄰近的人建立人際關係呢？先不要說「這是理所當然的」，而先考量其心理因素吧！

容易與鄰近的人建立人際關係，以及較容易對鄰近的人產生好感的傾向有以下五個因素。

①對待他人的舉動是低成本的。
②規範性的舉動是低成本的。
③單純的接近所產生的效果。
④因互相產生好感的作用所帶來的報酬交換。
⑤因可預測彼此的關係能持續延長而產生的好感。

第①點所說的「對待他人的舉動是低成本的」此一觀點，是參照社會交換理論——將人際關係用心理性的報酬或成本來計算之理論。在職場、學校及宴會上，只要是團體性的活動，我想不論是誰都會想與他人說話。這時，越是接近你的人，引起說話意願的成本（負擔）就會越低。不需花任何成本的舉動是最容易採取的，其報酬通常為正向報酬。因此，越是鄰近的人，越能輕鬆地開口與他說話。

在職場或班級上，當你想向別人借橡皮擦時，應該會向隔壁的人借吧！若是向隔一個座位的人借橡皮擦，想必要發出較大的聲音或移動身體，因此，要花費較大的勞力（成本）。而坐在你鄰座的人會怎麼想呢？想必會認為「為什麼不向我借呢」？而且周圍的人也會覺得很奇怪，到底「他的用意為何」？

搞不好還會被傳說「他可能不喜歡隔壁的人」，或是「他應該非常討厭隔壁的人吧」等等之類的謠言。

因此，向鄰座的人借東西是自然的（也是一種規範），其成本也較低。日常公事只要遵從規範行動，其成本就會降低。其理由在於第②點，即「規範性的舉動是低成本的」。所以，與鄰座的人之間的相互作用自然而然地就會增多。

為什麼容易對鄰近的人產生好感呢？

接近性的效果

你是否曾有過被邀請參加一個完全沒有熟人的宴會的經驗呢？雖然吃著難得的豪華美食，但卻不怎麼快樂。這時，若是在人群中發現了一個熟面孔，相信你一定會鬆了一口氣。

即使不怎麼熟，但只要看見認識的人，就會覺得安心，而且感到親切。或者，你身旁盡是一些與你毫無相關的人，但卻由於經常看到彼此的臉而漸漸產生好感。所謂接近性的效果就是，當我們與他人頻繁碰面時，容易對此人產生好感。所以碰面的次數越多，其好感也會愈強烈。

雖然這聽起來很不真實，但經由實驗的結果，可得知這是真實、有根據的。首先，分別放入25張、10張、5張、1張四個人的照片，然後摻雜在一起，接著一張張拿給同學看。看完之後問同學對這四張照片的好感度為何時，雖然同學有各自的喜好，但結果顯示其接觸的頻率愈高，好感度也就愈高。

本身就令你討厭的人就另當別論，但是，經常性的碰面是建立友好人際關係的基礎。所以，若是想受到某人的喜歡，多去接近他是很重要的喔！

聊天可增進彼此間的好感

聊天會產生交換性的基本好感

一群朋友若是去咖啡店聊天，多半會進行一種「審判缺席」的模式。換言之，那天一起聊天的人會針對當天沒來的人進行批判或說他的不是。在現場的人就會變成好人，而不在的人就會變成無惡不赦的壞人，其實那個人並非真的是大壞蛋。在其他的場合，如果上次被當成箭靶的人在，大家就不會對他進行批評；而上次在的人若這次不在，大家批評的火力就會全部集中在他身上。

雖然這是相當敏感的話題，但實際上當一群彼此認識的朋友話匣子一旦打開，就會針對那天不在場且大家認識的人進行大批鬥。

換句話說，大家的矛頭不會指向在場的人身上。面對面相互說他人壞話的朋友真的那麼要好嗎？還是相當險惡呢？

一般的情況是，聚在一起的朋友彼此間頂多只會說些開玩笑程度的話，而不會直接說對方的壞話，或是持續斥責對方。

亦即朋友間的聊天多半會相互讚美而不會相互貶損，並希望得到積極的回應。這是因為在兩人的聊天中，會彼此交換善意的評價且可得到心理性的報酬。

人類都需要人際關係。因此，他會從鄰近的人開啟友誼的話題。於是，如前所述，他會得到積極的回應。人類容易對有積極回應的人產生好感。

如此一來，鄰近的人就會與你愈來愈親近，因此便可發展出友好的人際關係。

從現在開始對身旁的人抱持好感

半永續關係的好感

所謂的「旅途之恥不需在意」，意思是指旅途中所遇到的人已經不會再相遇，所以即使做出違反社會規範的事，或是做出會被責難的事，也由於不會再來此地，所以完全不用在意。

會有此種想法的背後心理因素，是因為平日不希望做出被同學或是同事在背後指指點點的事，或是被討厭的事。

因此，我們會對身旁的人抱持好感，是由於此種心理在相互作用的關係所致。鄰近的人或是在職場同一部門的人，其關係並非只有今天而已，而是一種需長期維持的關係。

像這種「明天以後也需要相互建立人際關係」的預測，是造成人類會協調性地維持人際關係及對對方抱持善意的主要關鍵。

特別是對上班族而言，如何安定每日職場上的人際關係，是讓工作更順利進行的要領。所以，就會希望盡量與職場上的同事維持善意及協調的人際關係。

曾做過一個針對女大學生的問卷調查，題目是今後還會再見面的人以及今後永遠不會再見面的人的相片，哪一張相片你會比較有好感呢？有70%的女大學生回答對今後還會再見面的人會比較有好感，這是因為身旁的人一定有機會再見面的緣故。也由於有此期待，所以會對對方產生好感。

從外表直接看對方的個性

第一次見面其外表的重要性

在職場上或班級上，你會想和誰說話？想和誰變得更親近？其最初的決定因素在於外表。在單方面的認知階段裡，由於完全不認識對方，所以眼睛看得到的外在容貌及服裝就成了最重要的參考依據。

在第一次見面時，我們都知道要特別注意髮型及服裝。其理由是，在沒有其他參考依據時，會影響他人的決定因素便落在外表上。譬如看到染頭髮的年輕人，即使他本身做事很認真，也會覺得他可能很嬉皮。

我們對於第一次見面的人，通常容易從他的外表聯想到他的內在。例如，穿著帥氣的人就會認為他是個帥氣的人；穿著和服的人就會認為他是典型的日本人。

容貌及身高等身體上的特徵是主要因素。對於一臉凶神惡煞的人，就會盡量避開他；對於一臉慈眉善目的人，就會想親近他。或許他的內在恰巧與外貌相反也不一定，但是第一印象通常容易被外貌所左右。

特別是與異性見面時，都會相當注意外表。以下做了有關同性和異性在服裝及打扮上的實驗。比較對於同性在服裝改變時的印象變化和異性在服裝改變時的印象變化，可得知男女在看異性時的印象，會比看同性時的印象產生更大的變化。

換言之，異性容易以外表來作為判斷的依據。所以，約會時請一定要仔細打扮一下自己再出門。

微笑是增進好感的主要條件

接納的記號效果

在人際關係的初期，外表通常是用來決定對一個人好惡的主要因素。但是，此外表並非等於身體性的特徵。即使自己並非帥哥美女，也請不要因此而沮喪。

髮型、化妝、眼鏡、服裝、公事包等各式各樣的造型，都是構成外在印象的條件。針對外表和好感度來做實驗所得知的結果，雖然外表較有魅力的人比較容易受他人喜歡，但是在實際上面對面的場合時，我們可以知道對方的微笑與否是決定好感的主要因素。

直接面對面時，比起外表，溫柔的微笑更能提高對方對自己的好感喔！

由外觀的美醜與契合度來選擇戀人

戀愛上的外在性魅力

在人際關係中，選擇戀人的主要條件在於外表。決定是否要交往的考慮因素通常在於外表的魅力。其要因有如下兩點——

①外表性的魅力度

②彼此的契合度

男生比較喜歡可愛的美麗女生，而女生則比較喜歡帥氣的男生。其原因在於第①點的外表性的魅力度。

在實驗中，將彼此不認識的學生個別湊對而開了一場舞會。我們事先獲得每個學生的學業成績、個性、社會態度、宗教、智商，以及外表魅力度等的數據資料。在舞會結束後，詢問每一對學生：「今後是否想與今晚的舞伴約會呢？」將答案與事前所調查的數據及特性對照之下，發現決定以後是否約會的主要條件只有一點，那就是外表性的魅力度。

但是，即使提出約會的請求，卻會因為拒絕而無法繼續彼此的關係，而且自尊心也會遭到傷害。由於不想遭到拒絕，所以從一開始就會傾向於不會被拒絕的對象。這時，會選擇與自己魅力相符合的人，也就是與自己同魅力度的人來採取行動，這是因為第②點彼此契合度的因素所致。在舞會之前，也就是在直接面對面之前，彼此的契合度會強烈地發揮作用。

為什麼外表好看的人會受到喜愛？

身體的魅力與好感

雖說美貌只是一張臉皮而已，古今中外，為了這張臉皮，不知道產生了多少羅曼史、發生了多少戰爭、在人的內心中產生了多少喜怒哀樂的感情。而且，從最近的大眾影像文化中可以感覺到，人的影像越來越具有價值，而外表是其中最重要的因素。

為什麼人們要如此拘泥於外表，會對外表好看的人產生好感呢？

至於人為什麼會對外表好看的人產生好感，其理由如下——

①社會的學習性

②社會的評價性

③美的魅力性

④屬性推理的一致性

第一個是學習性。小時候就常常會從圖畫書、電視及電影中看到許多故事，而男主角通常都很英俊，女主角一定都是美女。因此，在我們的腦海中就存在著一種模式，認為英俊的人一定像故事的男主角一樣，是個完美的人，而美女就像女主角一樣，是個溫柔的人。

於是，在我們的觀點裡，英俊的人和漂亮的人就變成完美的人。在影像文化發達的現代社會裡，會對這種人產生好感可以說是理所當然的。

再者，當這麼完美的人成為你的戀人（朋友）時，周遭的人一定會給你很高的評價。這是第二個理由。

和英俊的男朋友在一起的她，以及和漂亮的女朋友在一起的他，看起來會非常耀眼。並不只是因為可以和完美的人在一起這個因素而已，同時也是因為社會的評價很高，可以讓自己更有自信。

第三個美的魅力性和第四個屬性推理的一致性留在之後說明。

哈日族注意——日語會曖昧嗎？

有人認為日語很曖昧。例如，日語中的「是」和「不是」並不像英語的yes、no一樣會直接做出肯定或否定的回答。「你昨天沒有去涉谷嗎？」、「是，我沒有去。」從這種對於否定疑問句所做的回答就可以了解了。

這是因為日語應答的基準並不是自己獨創的形式，而是配合對方問題的形式所決定出來的。

像這樣子，日語的應答表現是一種以聽者為中心的構造，和英語「以說話者為中心的構造」是不同的。這只是語言的構造不同而已，並不是「曖昧的語言」。

外在美麗的人內在也同樣美麗

屬性推理的一致性

任何人都會被美麗迷住。大自然的美、都市的美、繪畫的美、雕刻的美、畫像的美、道具的機能美……等，對於所有有形有色的事物，我們都會覺得很美，並且會加以評價。於是，我們對於所有的事物都會要求「美感」。

但是，其中對於人類的美所投注的心力是相當驚人的，那是因為「美麗的人」會奪走人們的心。因此，對於美麗的人會擁有好感可以說是理所當然的。這就是第三個理由——美的魅力性。

再者，外表上的美會讓我們聯想到內在的美，這種聯想會讓我們提高對美女的好感。當我們看到像米羅的維納斯等美麗的雕像時，雖然清楚知道這是用石頭所雕刻出來的，但內心卻不認為這只是單純的石頭而已。因為在冰冷的石頭下，我們可以感覺到她的溫柔及溫暖。更何況當我們遇到一位美女時，當然會認為她的內心跟外表一樣美麗。

我們即使和別人見了面，也無法直接看穿那個人的內心。通常都是透過看得到的部分來推測那個人的性格和心意。我們將此稱為是那個人的屬性（性格或智能等）推理。當我們在進行屬性推理時，往往會受到外表的影響，如果可以看見的部分（外表）美麗，就會認為內在也同樣美麗，而如果外表溫柔，就會認為內在也同樣溫柔。因此，我們往往都會認為外表美麗的人一定擁有好性格和聰明的智能。

這就是第四個理由——屬性推理的一致性。結果，我們會以為外表好看的人性格也同樣很好，而對他們產生好感。

相似的人會成為朋友

好感的類似性因素

在公共住宅那種大公寓裡，朋友是如何形成的呢？針對這個問題做調查。結果發現，住在同一層或是使用同一個樓梯的人，往往都會變成朋友。就像我之前所講過的一樣，這是根據物理性的接近所產生的結果。

但是，其中也有相隔遙遠的人成為朋友的情形發生。試著調查這個原因之後發現，大部分的情況都是因為兩人之間存在著一種類似性。例如，擁有共同的興趣、在同一個地方出生，或是職業相同……等。

有句諺語說「物以類聚」，在現實上，類似性是超越了物理的距離，讓兩人變成朋友的重要因素。因此，彼此存在類似性的人，會比住在同一樓這種因為物理性的接近而在一起的人，更容易變成交心的朋友。

有一項研究是針對在大學女生宿舍中，新生們成為朋友的因素來做調查。這項研究指出，在一開始的時候，他們的朋友通常都是住在同一寢室或是隔壁房間的人，人際關係幾乎都是因為物理性的接近所形成的。但是，當宿舍生活進行了一段時間之後，就會和那些擁有相同態度的人成為朋友。有趣的是，在剛變成朋友的時候，「那個人跟我很合得來」就會給予這種假設類似性很高的評價。過了不久，就可以了解對方實際的態度。

這時，如果對方實際的態度和自己的態度並沒有太大的不同，就會持續朋友關係，但如果發現彼此態度完全不合的話，兩人就會分開。

為何會喜愛與自己相似的人？

好感的類似性心理因素

相似的人以及擁有相同嗜好的人，會互相對彼此產生好感。「跟我那麼像，真讓人覺得噁心。」雖然嘴巴上這麼說，但為什麼我們會對和自己擁有相同興趣、相同意見、相同出身的人產生好感呢？主要因素可以分為以下三點——

①共同活動的報酬性

②認知的平衡性

③社會的支持性

即使我們有想做的事，卻沒有辦法一個人獨自去做，像這種情形相當多。例如無法一個人打高爾夫球、打網球、下象棋和圍棋等。或許可以一個人勉強去做，但是卻一點樂趣也沒有。雖然可以一個人去旅行或觀賞戲劇，但畢竟有相同嗜好的人陪伴會比較有趣。在創立新公司時，無論如何都需要夥伴的協助。

總之，當你心中有任何想做的事時，同樣也會有人想從事這項工作或活動。因為有同好者，才可以從事這個活動。也就是說，我們會喜歡和自己類似的人是因為可以得到很大的心理報酬，而這就是第①點所說的共同活動的報酬性。從社會性交換理論的角度來看，會對與自己擁有相同嗜好的人產生好感是理所當然的。然後，透過一起活動、分享彼此的喜怒哀樂，可以加深彼此的友情（愛情）。

這件事是教導我們，如果想受到他人喜愛，最有效的方法就是和他擁有相同的興趣，並且和他一起行動。在公司裡，將工作當成最大的興趣來和別人一起工作，或是一起去唱卡拉ＯＫ、打高爾夫球、下棋等，都可以創造出人際關係。

感情的平衡

認知性平衡理論

當我們聽到和自己意見不同的人說話時，剛開始時會覺得有趣。但是如果兩人的意見一直不合，而對方又強迫我們接受其意見的話，我們會漸漸變得不想說話、變得很不愉快，然後對那個人產生厭惡感。

當我們和意見相同的人說話時，話題可以順利展開，彼此間的氣氛也會變得很愉快，漸漸的，就會對那個人產生好感。我們會對和自己擁有相同意見、相同看法、相同興趣及嗜好的人產生好感。

那是因為在我們的腦中，會在各個情報之間保持擁有整合性的平衡關係。這就是上節第②點所說的認知的平衡性。

請看下面的圖。有一個人對F1有興趣，由於此人喜歡F1，所以P到X之間是加號。與別

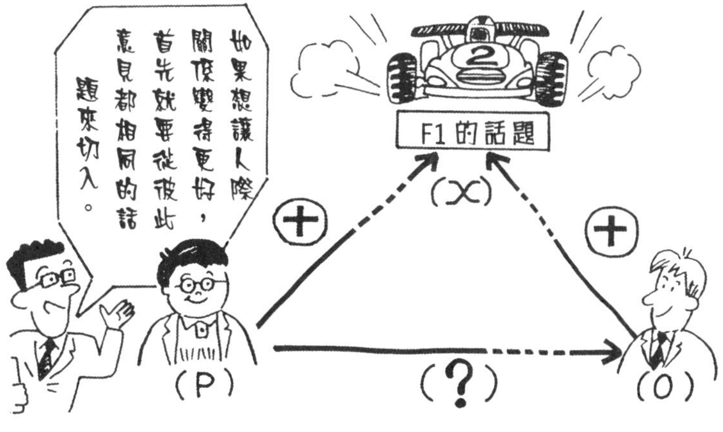
如果想讓人際關係變得更好，首先就要從彼此意見都相同的話題來切入。
F1的話題
(X)
+
+
(P)
(?)
(O)

人聊天之後，發現對方也同樣喜歡F1。因此，O到X之間也是加號。

在這種三角關係上，將每一邊的加號及減號全部加總起來，如果結果是正數，就是處於平衡狀態，若結果是負數，就是處於不平衡狀態。

由於平衡狀態最先產生在心理上，所以全體構造也會跟著進入平衡狀態。因為自己和對方都喜歡F1，所以P到X以及O到X都是加號。最後再加上P到O的記號，如果整體加起來是正數就好了。那麼，P到O之間到底是什麼記號呢？對，就是加號。也就是說，若自己對對方擁有正面的感情或好感，就可以讓全體構造處於平衡的狀態下。

像這樣，當兩人的意見及興趣相同時，在平衡的功能上會自動對對方產生好感。這時，對方也會擁有同樣的心理。因此，如果想讓人際關係變得更好，首先就要從彼此意見都相同的話題切入，然後再自然的進行會話，這是相當重要的。

意見相同可以讓心情舒暢並擁有自信

社會支持下所產生的好感

雖說自己的事自己最了解，但是我們對自己並不是那麼有自信。即使是自己非常喜愛的滑雪，「為什麼要花這麼多錢來這種寒冷的地方呢？」當被別人這樣問的時候，自己也會因此開始懷疑為什麼要花上幾萬塊旅行。「現在這個時代只要用租的就好了，沒必要特地花錢買屬於自己的滑雪用具。」如果連一起滑雪的同伴都這麼講的話，自己就會漸漸對於自己花了許多錢買的滑雪道具失去信心了。

我們的意見和想法比想像中的還要更依賴外來的意見和想法。因此，「滑雪真的很好喔！我也很喜歡。」、「滑雪還是要用自己的滑雪道具比較好，如果只是用租的，是沒有辦法讓自己的技術變得更好的。」如果遇到像這樣子和自己擁有同樣興趣及意見的人，一定會變得非常愉快。

那是因為相同的意見可以支持自己的想法。這就是在206頁的③所提到的社會的支持性。我們如果受到別人的支持，就可以確定自己的意見是正確的。如果是擁有相同意見及興趣的人，由於對方也和我們一樣，所以自然而然就會互相支持了，並且可以對自己更有信心。

因此，我們常常會不自覺地喜歡上在一起時說出和自己相同的意見，讓自己更有自信的人。

因此，在人際關係的初期，首先要成為順從別人意見的人。

喜歡稱讚自己的人

自尊心高漲的好感性

所謂的自尊心，是一種相當麻煩的東西。自尊心很高的人並不是完全對自己非常有自信，有時也會因為一點點的失敗就墜入自我厭惡的深淵中。另外，即使是自卑感很重的人，只要被別人輕視，也會變得非常生氣，連自己都會被自己內心的強烈自尊心嚇到。

自尊心這種東西比一般想像的還要更不安定，因此必須不斷的加強。所謂的加強，就是指從周遭的人那兒得到稱讚及評價。對自己信心十足的人，也是因為長期社會上以及周遭的人所給予的評價一直支持著自己。因此，如果自信崩壞，內心一定會產生相當大的動搖。

我們都希望能夠擁有很高的自尊心及強烈的自信，而那必須要依賴平時的人際關係。因此，周遭的人所給予的稱讚、恭維以及讚美就變得相當重要了。

另外，我們會對於發出稱讚的人，也就是稱讚自己、讚美自己的人擁有相當的好感。對於奉承自己的人，雖然清楚那只是奉承話而已，依然會對他產生好感就是這個道理。就像之前在迎合戰略中所詳細說明的一樣，在為了得到對方好感的對人戰略中，這種稱讚戰略是最基本的方法。

想要被對方喜愛，就要先主動去喜歡他

好感的互惠性

誰都不喜歡被孤立、討厭被別人嫌棄，想要受到大家的喜愛。因此，我們會對喜歡自己的人產生好感，因為對我們表達好感的人會讓我們感受到他那種想要受到他人喜愛的情緒。對於那樣子的人，我們會想要好好的重視他，因而產生好感。

這件事是教導我們，如果想要受到他人喜愛，就必須先主動向對方表達好感。

像這樣，自己主動表達好感可以讓人際關係好轉。此外，還有另外一個理由，那是因為好感的互惠性發揮了作用的關係。人會針對和對方之間好惡的程度來調整彼此的平衡性，如果只是自己單方面喜歡，是不好的。在我們喜歡對方的同時，也希望對方能同樣的喜歡我們，這就是好感的互惠性。

因此，主動向對方表達好感，就可以受到他的喜愛。那是因為如果對方向自己表達好感，就不會只是自己單方面的喜愛而讓自己受到損失。由於對方主動表達好感，所以會感到安心並表達自己的好感。

再者，所謂好感的互惠性是指，當別人向自己表達好感時，內心就會產生一種想要回應的情緒。因為如果對方向你示意，而你卻沒有任何回應的話，會讓彼此間的關係變差。主動去喜歡對方時，會產生許多這種心理作用，所以自己先主動向對方表達好感可以說是一個非常好的辦法。

敞開心扉就可以加深好感

好感的自我提示性

為了加深彼此的好感，彼此了解對方是非常重要的。根據這一點，就可以加深好感。為了互相了解對方，就必須敞開彼此的心胸。我們稱此為自我提示。在自我提示裡，擁有以下兩種方向性。

①自我提示的寬度

②自我提示的深度

所謂自我提示的寬度，就是指範圍。在我們的一生中，各自擁有許多不同的生活場面。公司的同事對於彼此在公司裡的事情相當清楚，但是卻不知道對方的家庭以及學生時代的事情。針對對方所不了解的生活，你會跟他坦承到什麼樣的程度，這就是所謂的「自我提示的寬度」。對於我們喜愛的人，通常都會想跟對方聊自己許多不同的生活。在讓對方知道自己的事情的同時，也會增加彼此共同擁有的部分。另外，我們會對做出廣範圍自我提示的人擁有好感。對於什麼事都不說的人，是不會產生任何好感的。

所謂自我提示的深度是指，你說出來的事情對於你自己的重要度如何。較重要的事人們往往都會當作是祕密，不會輕易告訴別人，也只有幾個內心特定允許的人才會對他說出自己的祕密。

因此，對某個人做出深度的自我提示，也可以藉此向對方表達好感。寬度、深度以及和對方都能達到平衡的自我提示，在了解彼此、加深彼此的好感上，有相當大的幫助。

光是讚美的話，不過是馬屁精

稱讚的可信度以及好感

為了得到他人的喜愛，對對方表達善意的方式有以下兩大鐵則。

①稱讚

②表達好感

但是，只要讚美就可以了，還是要一直表達好感比較好？這個問題在人類的心理中並沒有那麼單純。

對任何人都表達好感的人，不僅會被認為是八面玲瓏的人，還會因此被大家討厭。滿嘴都是讚美話的人，不僅會被認為是阿諛奉承的人，而且也得不到任何好評。這到底是為什麼呢？

那是因為全面的肯定反而會減低話的可信度。不管別人再怎麼稱讚你、對你表達好感，如果那些話不值得信賴，我們不但不會高興，也不會對對方產生好感。相反的，還會對對方產生厭惡感。

不管對誰來說，那種一天到晚讚美別人的人，從被讚美者的角度來看，並不會覺得對方是真心讚美自己的。雖然表面上是在稱讚自己，可是那些讚美的話是根據說話者的性格，亦即完全出自於馬屁精口中的奉承話，那種話是無法讓人相信的。

相反的，當你被平時不太稱讚別人的人讚美時，那他所說的讚美的話應該相當值得信賴。缺點就要批評，但是優點如果能夠加以稱讚，那麼讚美的話就會得到別人的信賴。

如果特地讚美對方、向對方表達好感，但你所說的話卻無法得到對方的信賴的話，那就沒有任何意義了。就像前面所說過的一樣，要適時的做出八同二異、小異大同以及加入一點批評，然後再稱讚對方、向對方表達好感，效果就會很好。為了增加彼此的好感，偶爾也需要一點批評。

哈日族注意——「樣」以及「殿」

我們有時會為了收信人的稱謂而感到困擾。例如，當我們要使用「樣」以及「殿」時，有時也會為了什麼樣的人該用哪一個稱謂比較好而傷透腦筋。

如果從這兩個字的來源來思考，「殿」指的是「殿堂、宮殿、神殿」等的殿，不直接用來稱呼身分高貴的人，而是用來稱呼那個人的住所。

另一方面，「樣」這個字擁有「姿態、形式、樣式、形狀」等意思，由此可知，它是用來表示物體的型態。也就是說，這個字不直接用來稱呼人，而是用來稱呼那個人所擁有的姿態等。

《為了表達真正的好感，
有時也需要給予一點批評》
在讚美對方的同時，要適時的加入一些批評——
部長，你領帶的顏色真漂亮！

失敗是友情的根本

人情味及對人好感性

我們都渴望完美，特別是日本人，連非常細微的地方都要追求完美無瑕。所以常常有人說，日本人將這份追求完美的精神運用在日本的產品上，不僅是提高日本產品的品質，同時也讓日本躍升為經濟大國。

日本人在人際關係中所做的印象管理上也同樣追求完美。不管是工作面試時所穿的就業套裝，還是專門教導新職員如何與人對應的手冊，都在在顯示出日本人的細膩。

但是，在平常的人際關係上如果太過完美，不但不能讓人際關係好轉，反而會造成阻礙。因為人不是物品，如果一方太過完美，那麼另一方面就會感到困擾。

事實上，過於完美的人會變得一點人情味也沒有，反而令人難以接近。人多多少少都會有些缺點，如果一個人完全沒有缺點，是無法令人和他長期相處下去的。「他雖然很厲害，但也和自己一樣，擁有人性的弱點。」這樣說的時候，會讓人一開始就產生了好感。因此，在人際關係中最好不要太過要求完美。

雖然缺陷會令人感到煩惱，但是在與人交往時，適度的失敗，在對方面前搔著頭，表現出一副不好意思的樣子，反而較能長久交往下去。

另外，和太過完美的人交往是一件非常累人的事情。和完美的對方相較之下，常常會讓自己產生自卑感，因此只會去讚美對方的才能，卻不會對他產生好感。即使擁有好感，也不會和他交往。事實上，從長遠的眼光來看，完美的人很容易會失去人際關係。適時的表現出自己的缺點也是一種重要的自我提示。當你真正拋棄掉完美的盔甲時，才能得到朋友。

哈日族注意——為什麼「させる」是敬語？

「～れる、～られる」是尊敬的助動詞，同時也擁有被動、可能、自發的意思。這個字的古字「～ル、～ラル」代表尊敬的意思，是從平安時代中期才開始的，最早的時候並沒有敬語的意思。

其他同樣從平安時代中期才開始含有尊敬的意思的字，包括「～ス、～サス」以及「～シム」。這些字都是在下面加上タマフオ變成尊敬語。即使是現代用語，「～させていただく、～させてください」的這種說法雖然是表示謙讓，但是字的上半部還是命令的姿態。因為透過晚輩遵照長輩的命令去做的這種表現，可以向對方表達敬意。

《適時的表現出自己的缺點也是一種重要的自我提示》

像齒輪一樣緊密結合

互補的好感性

人際關係的發展過程可分成三個階段，將各個階段的主要功能統合整理，可得到如下的結果。

第一階段　外表的特性
第二階段　相互類似性
第三階段　互補性

整個過程就是，首先以外表來引起對方的注意。其次，類似性將兩人的心緊緊結合起來。最後，互補性會加深兩人的關係。

在公司裡一起做同一件事情時，如果只是單單和類似性高的人在一起，工作是不會有進展的。工作中包含了許多活動及作業。當各個部分都能夠順利進行，齒輪能夠緊密結合時，工作才能進行得非常順利。當兩人的關係越來越好、在一起的機會也增多、一起朝著相同的目標工作時，兩人的互補性是讓活動順利進行的最重要因素。如果進行得很順利，可以增加彼此的好感。所謂的互補性，用齒輪緊密結合來表現是最適合不過了。

例如，即使是在公司裡，如果有像鬼一般的課長，那麼也會有像佛一般的課長來調和。為了提高業績，需要嚴厲的上司。但如果只是一味的怒罵職員，反而會讓職員畏縮，甚至引起反彈。於是，就必須要有一個上司負起安撫職員的責任。同時擁有責備職員的上司以及安撫職員的上司，可以讓工作一開始就順利的展開。雖然扮演黑臉的課長比較吃虧，但相對的，部長就會給予課長很高的評價並擁有好感。

朋友的喜悅
就是自己的喜悅

愛情的非交換性

如果突然有一個陌生人向你借錢的話，你應該不會借給他吧！即使是朋友，也不太會把錢借給他。

如果對方向你借錢，由於是朋友，所以非借不可。但是，會非常在意他什麼時候才會還你錢。

有一句諺語說「借錢給別人的話，錢就會和朋友一起消失」，從這句話就可以看出，金錢的往來會影響彼此間的好感，因為金錢借貸的交換是非常清楚的。由於好與壞都分得相當清楚，所以也會連帶影響到彼此間感情的好壞。

就像前面所提到的一樣，在人際關係尚淺時，彼此間的好感是依靠成本及報酬這種社會性交換來加深的。如果在這裡牽扯上金錢，金錢上的得失就會加重感情上好惡的得失。因此，不還錢的人由於成本太高了，所以會變得令人討厭。

但是，若人際關係越來越深，則這種交換性就會不見。在深厚的人際關係中，由於對方的喜悅變成了自己的喜悅，所以就會變成即使再高的金額也會借給對方。在深厚的相互接觸關係上，由於兩人變成一體，所以不會產生交換感。只是如果有人濫用這種關係的話，就會發生類似女銀行員侵佔事件的情形。

行為會產生好感

行為與感情的關聯性

聽到試膽大會時，會有一股令人懷念的感覺。回想起小時候常常會在夏天半夜一個人逛墓園。但是現今城鎮及鄉村已經變得較現代化，而孩子之間也已經不流行試膽大會了，而且已經沒有孩子王會提議舉辦試膽大會了。

不過，試膽大會是不是真的已經消失了呢？事實上，這在大學生之間依舊相當流行。社團的夏天集訓等，都非常流行舉辦試膽大會。

只不過這裡的試膽大會並不是一個人獨自進行，而是由一男一女組成一隊，兩個人一起繞墓園。由於兩人一起走在黑暗中，所以只要一有聲音出現，女學生就會大叫並抱著男同學。相反的，最近聽說也有女生帶領男生的情況發生。

不管是哪一種情況，兩人通常都會手牽著手、手挽著手一起走完整個試膽的路線。也有一些人因為這樣，後來就變成情侶了。

從中可以發現，行為是可以產生好感的。雖然互相擁有好感，卻絲毫沒有任何進展的兩人，正好可以趁著這個機會手牽著手，讓兩人的關係變得更深厚。

為了讓人際關係有所發展，一起行動、活動是非常重要的。在這當中會發生許多事情，並且可以增加彼此共同的體驗，因而產生好感。從這一點也可以看出行為會產生好感。

朝著目標的一體感會產生好感

根據一體感所產生的好感

戰後日本的經濟發展通常被視為一種奇蹟。支持著整個經濟發展的是勤奮的職員、是一心一意為了公司工作的上班族。在這之後，日本經濟躍升於國際，不斷進入海外市場。這時，海外都稱日本這種勤奮的職員為經濟動物，這實在不是一種好的評價。

但是，經濟動物這種稱呼方式並沒有掌握到要點，因為勤奮的職員並不只是為了錢在工作而已。相反的，他們是為了公司而工作的，而且與其說是為了日本株式會社，倒不如說是為了「自己的公司」在工作。

在當時的公司裡，社長和職員是一體的，這在由少數從業員所組成的小型工廠裡是理所當然的事。之後，公司變成了世界性的企業，隨著公司的發展，自己的心胸也漸漸越變越大。

這份一體感讓職員們之間相互信賴，並使好感更為安定。因此，日式經營努力創造職員以及公司之間的一體感。

人際關係也是同樣的道理。當兩人朝著相同的目標、融合成一體、一起行動的時候，兩人的得失會優先於個人的得失。然後在整個活動的過程中，會產生共同的勝利、共同的敵人以及共同的困難，這時更能增加兩人的一體感。於是，不知不覺地便會對彼此產生好感，並且讓好感加深。為了加深兩人的好感，必須要創造出共同的目標，然後兩人一起朝著目標挑戰。

結語

由於人際關係相當複雜，所以常常會有無法了解對方心理的情況產生。但是，人際關係之所以那麼複雜，是有其原因和理由的。這本書主要的目的就是，透過心理學來分析這些原因和理由，進而了解對方，以及學得呈現自己內心的方法。

如果能夠了解對方的心態，並且能夠明確的對應，心情就會變得很舒坦，人際關係也會因此而好轉，讓彼此都非常愉快。

人際關係變得更愉快——最近已經可以看見這樣的預兆了。

年輕人的對人心理正漸漸的在改變當中，人際關係也變得更積極了。或許是因為隨著社會的都市化與流動化，與不同的人接觸的機會及場合變得相當多的關係。這是一個轉職、調職以及轉學相當頻繁的時代（移動社會）。這些移動也伴隨著分離及相遇的人際關係。要在以往熟悉的人際關係中打上休止符，並展開一個新的人際關係。

對於以往的人來講，在這種變動之後，必須要和完全不認識的人培養人際關係，因此會感到非常不安、擔心。

但是，最近有越來越多的年輕人不會為了新的人際關係而感到苦惱了，反而有許多年輕人會積極的認為，新公司是一個尋找全新自我的機會，而新學校是讓自己性格變開朗的契機。「一定很辛苦吧！」當你對著因父母的關係而經常轉學的學生這麼說時，對方卻開朗的回答：「可以遇見各種不同的人，我覺得很好啊！」

另外，現在是影像文化的時代（視覺時代）。以前自己出現在電視上受到大家的矚目時，會認為是一件非常丟臉的事，所以會想要避開。而且不管是什麼人，在攝影機前都會緊張。但是，現今的年輕人及小孩對於自己出現在電視螢光幕上，並不會覺得可恥，反而積極的想要上鏡頭，想藉此將自己呈現在大家面前的情緒相當強烈。會非常積極的透過電視媒體來表現，當然也不會感到緊張。

而對於周遭的眼光所做出的反應也和以往不同。當直接面對大場面時，有越來越多的年輕人會覺得「完全不會感到任何壓力。這是自己的目的，所以感到非常快樂」。現在已經是自我展現的時代了，賽馬的武豐騎士以及職棒的野茂投手，應該都是這類年輕人的代表吧！在以前，「在這種大場面如果失敗的話怎麼辦？輸的話就會對不起大家。」……像這樣滿腦子充斥著消極的念頭，在正式上場時會因為壓力而無法發揮自己平常的實力。但是，現在的年輕人內心盡是想要將自己的實力展現給大家看的念頭，所以會比較輕鬆自在，可以發揮全部的實力。

像這樣，年輕人的對人心理正開始改變，而這種變化被統合成以下三點。

①對人際關係變得更積極

②對自己變得比較積極

③自我表現變得比較直接

這些事情就代表著人際關係已經變得非常明朗了。另外，也可說是可以更加開朗的看待人際關係了。但是，這種變化也只是剛開始而已，人際關係依舊相當複雜、困難。如果太過積極的話，很可能會「樹大招風」。

在這本書裡，針對積極創造人際關係時較適當的方法及理論，具體的介紹對人心理學的知識。特別是對人心理學上的新觀點、印象管理以及對人戰略的這些想法，正好適用於積極的人際關係，以這個想法為基礎來看待人際關係。另外，雖然稍微偏離了心理學，但為了幫助讀者能夠更了解人際關係、文化和語彙之間的關係，所以本書中特別刊載了「哈日族注意專欄」。在對人心理這方面，如果讀了這本書之後可以讓你有所了解，並且對以後的人際關係產生很大的幫助，那真是太好了。「哈日族注意專欄」是由川口先生所負責的。

國家圖書館出版品預行編目資料

如何掌握人際交往心理學／蒼井剛 主編　初版，
新北市，新視野 New Vision，2025.07
　面；　公分 --
　ISBN 978-986-316-951-2（平裝）
1.CST：伴侶　2.CST：應用心理學

177.3　　114006059

如何掌握人際交往心理學
蒼井剛　主編

〔企　劃〕　新視野 New Vision
〔出　版〕　新潮社文化事業有限公司
電話 02-8666-5711
傳真 02-8666-5833
E-mail：service@xcsbook.com.tw

〔總經銷〕　聯合發行股份有限公司
新北市新店區寶橋路 235 巷 6 弄 6 號 2F
電話 02-2917-8022
傳真 02-2915-6275

印前作業　東豪印刷事業有限公司
福霖印刷有限公司

初　　版　2025 年 09 月